KB272345

코끝, 호흡

코끝, 호흡

김경리 글·그림

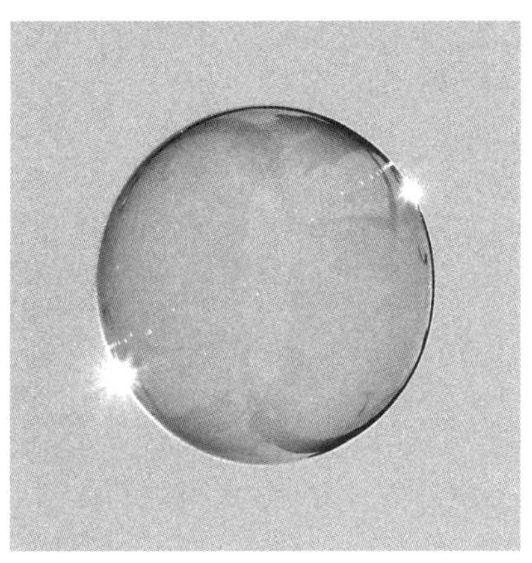

흩어진 마음을
지금 여기로 끌어오는 명상 입문

멀리깊이

이 책을 사랑하는 나의 할머니

고(故) 박순애 님과 엄마 윤성희 님께 바칩니다.

지금,
명상합니다

지금,
프롤로그

합장, 파드마 아사나

명상하기 전후에 마음을 모으듯 손을 모아 인사해 봅니다.

왠지 명상을 하려면 특별한 장소에 가야 할 것 같고, 한 시간 이상은 해야 할 것 같고, 특정 종교를 믿어야 할 것 같고, 무언가 도구(싱잉볼, 음악, 향 등)가 필요하다고 생각할 수 있어요. 하지만 명상을 하는 데는 사실 많은 것이 필요치 않습니다.

내가 명상을
시작한 이유

저는《요가의 언어》작가입니다. 명상의 필요성을 처음 제대로 느낀 건 아마 코로나19 팬데믹 무렵이었을 거예요. 특히 모든 수업이 한참 동안 중단되었던 때 많이 힘들었던 기억이 납니다. 고민 끝에 수년 동안 다니던 회사를 그만두고 막 요가 강사로 활발히 활동하고 있던 시기였기에 상실감은 더욱 컸습니다. 아래는 당시 썼던 일기 중 일부입니다.

코로나19로 인한 사회적 거리 두기로 일상이 멈춘 지 3개월이 훌쩍 지났다. …일상이 멈추었다는 표현을 썼지만, 나의 하루하루는 여전히 꼬박꼬박 나오는 가스비처럼 흘러가고 있다. 정확히는 멈춘 것이 아니라 바뀌었다고 할 수 있다. 마치 스노우볼

에 갇힌 눈사람 모형이 된 것 같다고 할까. 카프카의 소설에 나오는 벌레가 된 것 같다고 할까. 바깥의 세상살이와 분리되어 제구실을 못 하는 느낌이다.

…느지막이 일어나서 대충 빵을 씹어먹고 해가 비스듬히 누웠을 즈음에, 동네 산책이나 하려고 집을 나서면 기분이 요상해진다. 이미 내 머리 위에서 떠나 아주 멀리 수평선 부근 건물 옥상에서 빛나고 있는 태양이, 내가 낭비한 하루를 세상에 일러바치는 것만 같다. 윤태호 작가의 〈미생〉에서, 거리로 쏟아져 나오는 직장인들과 반대 방향으로 홀로 걸어가던 장그래가 느꼈을 그 감정이 무엇이었을지, 새삼 알 것 같았다.

…문득 이런 생각이 들었다. 평소에 바쁘다는 핑계로 미루면서, 가뭄에 콩 나듯이 하던 명상을 할 수 있는 완벽한 상황이 아닌가 하는. …정신 승리인지도 모른다. 그러나 절망보다는 낫다고 생각한다. 이처럼 강제로 한가해지고 나서야 더 자주 명상할 마음을 먹게 되다니. 이미 오래 전부터 매일 꾸준히 명상하고 계신 엄마에 대한 존경심이 커진다. 존경합니다.

나처럼 기약 없는 나날을 꾸역꾸역 보내고 있을 모든 사람들에게 안부를 묻고 싶다. 잘 쉬다가 또 잘 걸을 수 있도록 나 자신과 모두에게 응원을 보낸다.

그러나 막상 당시에는 명상을 시작하진 못했고 대신에 살기 위해, 그러니까 최소한의 활동량을 위해 거의 매일 뒷산을 오르며(등산을 질색하는데도 불구하고) 숨을 쉬려고 했습니다. 걷다 보면 발바닥에서부터 온몸에 적당한 열기가 돌고, 계절의 변화를 주변 공기로 느끼면서 세상으로부터 도태된 듯한 느낌에서 조금 벗어날 수 있었습니다. 그리고 시를 많이 썼습니다. 산책 길에 마주치는 모든 것—장미, 비둘기, 자전거, 눈사람, 얼어붙은 강물—이 시가 되었습니다. 시를 쓰면서 어디에도 털어놓기 어려운 답답한 마음, 쓸쓸함, 절망감 등 내 안에 갇혀 있을 때는 나를 괴롭혔던 감정들이 좋은 글 재료가 된다는 걸 알았습니다. 지금 생각해 보면 산책과 시는 일종의 움직임 명상, 글 명상이었던 것 같아요.

길었던 팬데믹이 끝나고 시간이 흘러 다시 요가 수업을 할 수 있게 되었고 웬걸, 이번엔 수업이 너무 많아졌습니다. 이곳에서 저곳으로 하루에도 여러 번 널뛰기하듯 장거리 이동과 여러 개의 수업을 소화하다 보니 직장 다닐 때 앓았던 허리 통증이 재발했습니다. 참다 참다 앉았다 일어나는 것조차 힘들 만큼 아파서 병원에 가보니 디스크 문제인 것 같다며 정밀 검사를 해보자고 했습니다. 요가를 시작한 후로는 없었던, 완전히 사라졌다고 믿었던 통증이기에 더욱 충격이었습니다. 한편 계속되는 과로로 이제 마음조차 힘들어지기 시작했습니다. 당시 쓴 일기에 불안한 마음이 고스란히 드러납니다.

바뀐 스케줄에, 장거리 수업과 바로 다음 날 이어지는 오전 수업에 아직도 적응하지 못했는지, 항상 열차를 놓칠 것처럼 불안하다. 배가 고프다가도, 배부르게 먹으면 화가 나고, 오래 앉아 있을 땐 허리가 아프다가도 그렇다고 앉을 자리가 없으면 무거운 가방 때문에 어깨가 아프고 다리가 붓는다. …이래저래 총체적 난국이다. 이 와중에 행복을, 요가 끝에 염불처럼 외는 '행복하고 평온한 하루'를 보낼 수 있을까?

아, 이게 아닌데, 무언가 잘못되었다고 느꼈습니다. 그토록 바라던 일을, 그것도 내가 좋아서 선택한 일을 하고 있는데, 몸은 병들고 마음은 피폐해지고 있었습니다.

'일이 없으면 없어서 괴롭고, 일이 많으면 많아서 힘들고… 그럼 나는 도대체 언제 행복하지?' 제가 명상을 하게 된 건 바로 이런 의문들 때문입니다. 저는 사실 요가보다 명상을 먼저 만났습니다. 초등학생 무렵, 불교 신자인 부모님을 따라 어린이 법회에 가서 처음 명상을 했는데요. 산속 법당에 앉아 눈을 감고 있을 때 이따금 시원하게 불어오던 바람, 바람에 딸랑거리던 풍경

소리, 나무 냄새 같은 것들이 좋은 기억으로 남았습니다. 아마도 이때의 경험이 제가 어른이 되고 세상 풍파에 마음이 힘들어졌을 때 명상을 떠올리게 해준 것 같아요. 수년 전 직장에 다니며 망가진 몸을 살리기 위해 요가를 시작했던 것처럼, 시들어가는 마음을 살리기 위해 명상을 시작했습니다.

그렇게 2022년부터 혼자 매일 명상 챌린지를 시작했습니다. 왠지 '챌린지'라고 하면 SNS 유행이 연상되지만, 매일의 명상은 정말 '도전(challenge)' 그 자체입니다. 일상을 따라 무의식적으로 흘러가는 일은 쉽지만, 그 반복을 멈추는 건 어렵습니다. 하지만 삶에 변화를 일으키기 위해서는 잠시 멈추어 나를 한 번 돌아보는 순간이 필요한 것 같습니다.

명상이 가져온
세 가지 변화

명상으로 체험한 변화 세 가지

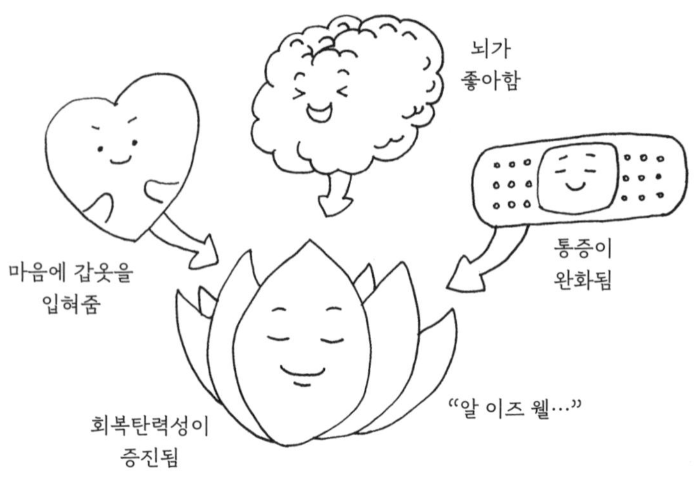

아무것도 하지 않을 때 우리의 뇌는…

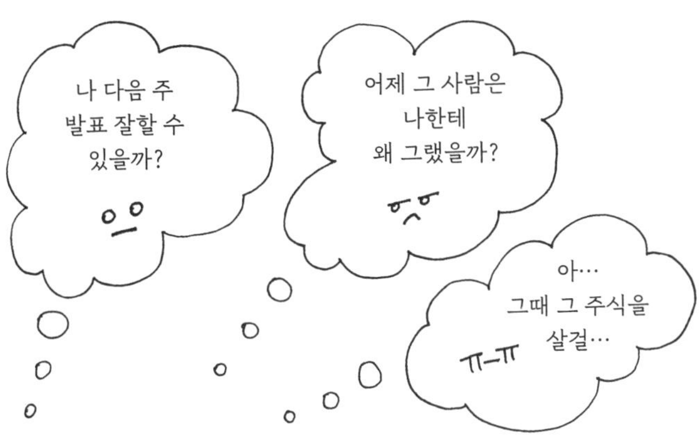

오히려 더 많은 생각을 한다.

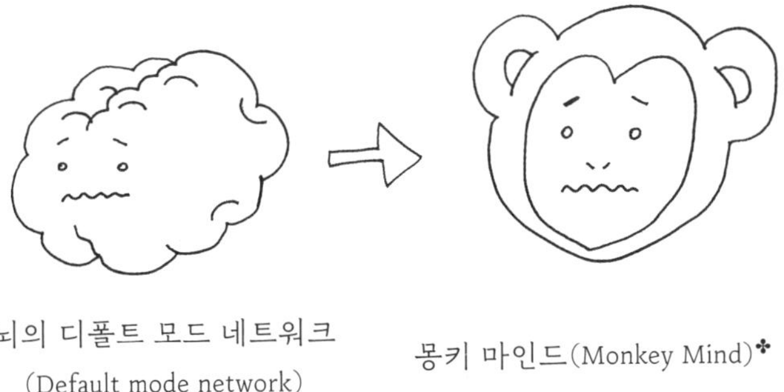

✤ 이 나무에서 저 나무로 정신없이 뛰어다니는 원숭이처럼, 평온하지 못하고 이리저리 방황하는 불안한 마음 상태를 뜻합니다. 명상이나 불교에서 흔히 사용하는 표현이며 비슷한 말로 '심원의마(心猿意馬, 원숭이처럼 날뛰는 마음과 말처럼 달리는 의지라는 뜻)'가 있습니다.

그래서 제가 명상을 하는 이유는 첫째, 마음에 갑옷을 입혀주기 때문입니다.

마음의 토대를 단단히 하여 주변의 여러 가지 자극과 충격에 마구 흔들리지 않게 해주는 것, 그래서 언제든지 중심으로 돌아오도록 돕는 것이 내가 명상하는 이유다.

명상 15일째 일기 중

명상을 하다 보면 처음에는 긴가민가하더라도, 그 시간들이 (비록 길지 않아도) 누적되면서 힘을 발휘하게 되는 걸 알 수 있습니다. 참고로 저는 감정 이입을 많이 하고 근심과 걱정이 많으며 상상력이 때로는 지나치게 풍부하고 섬세한, 그러니까 스트레스에 매우 취약한 성향을 지닌 편입니다. 하지만 꾸준한 명상으로 이러한 특징들이 옅어지고 좋은 쪽으로 변화되는 것이 느껴집니다.

둘째, 뇌가 좋아하기(?) 때문입니다(뇌호흡이나 기치료 같은 것이 아닙니다. 그냥 명상입니다. 오해 없으시길 바랍니다). 명상을 해 보면 몸과 마음의 컨트롤 타워 즉, 뇌가 아주 좋아하는 것이 느껴집니다. 한두 번 해서는 알기 어렵지만, 아침 혹은 저녁에 단 3~5분이라도 꾸준히 해보시면 알 수 있습니다. 여기서 포인트는 '꾸준함'입니다. 보다 구체적으로는 아래와 같은 원리가 아닌가 싶습니다.

그러니까 명상은 폰 저장 공간을 확보하는 일과 비슷하다. 또는 컴퓨터 하드 용량 정리와 같다. …어찌 보면 뇌도 일종의 데이터 저장 및 처리 장치에 가까운데, 관리는 하지 않고 무작정 저장만 하려고 했던 것 같다.

명상 2일째 일기 중

정말로 그렇습니다. 마음은 무언가 집중할 대상을 필요로 하는 특성이 있습니다. 그건 우리가 쉬고 있을 때도 마찬가지라서, 평소에 딱히 뭔가 하고 있지 않은 순간에 오만 가지 걱정과 부정적인 생각들이 시시각각 떠오를 수 있습니다. 당황할 필요는 없어요. 그게 뇌의 '디폴트 모드 네트워크'니까요.✤ 하지만 명상을 반복해서 하다 보면 머릿속의 산란함이 점차 줄어드는 것이 느껴집니다.

셋째, 통증 완화 효과입니다. 명상이 병을 치료하는 것은 아니지만 아픈 몸 상태를 개선하는 데는 분명 효과가 있습니다. 아플 때도 좀 더 여유를 가지고 나를 돌볼 수 있도록 도움을 줍니다. 이는 매일 명상 일기를 쓰면서 생생하게 스스로 체험한 것입니다.

전에는 아프다는 느낌에만 모든 신경을 쏟아서 확성기를 틀어놓은 것처럼 고통이 세포마다 크게 울려 퍼졌다. …하지만 고통에 온전히 잠식당하지 않고 의식의 밧줄을 잡을 수 있다면, 나는 버틸 수 있을 것이다.

명상 89일째 일기 중

✤《명상하는 뇌(Altered Traits)》, 대니얼 골먼·리처드 데이비드슨 저, 김영사, 2022

그래서 명상하는 이유, 세 줄 요약입니다.

첫째, 마음에 갑옷을 입혀줍니다.
둘째, 뇌가 좋아합니다.
셋째, 통증을 완화합니다.

그리고 이 세 가지 변화 덕분에, 살면서 상처를 받더라도 잘 이겨내는 요령을 터득할 수 있습니다. 이를 통해 몸과 마음의 회복력이 좋아집니다.

명상에 필요한
세 가지

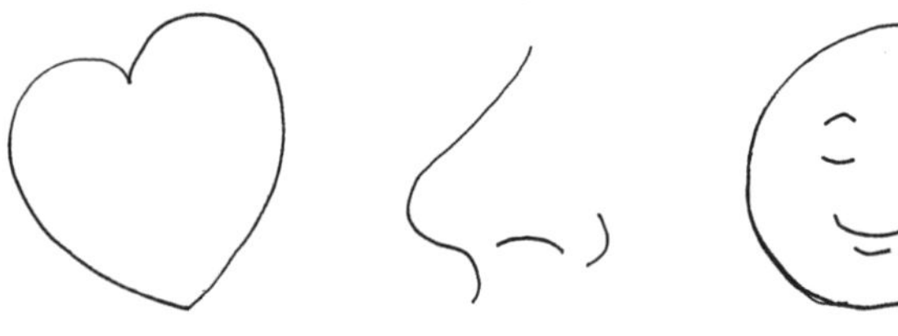

요즘 매일 명상을 한다고 얘기하면 듣는 공통적인 질문이 있습니다.

'앉아서 무슨 생각을 하면 되나요?'

'정확히 뭘 (어떻게) 하는 건가요?'

그럴 때마다 저는 이야기합니다. 그냥 눈을 감고 코끝의 호흡을 보는 거라고. 무슨 생각을 하는 것도, 무엇을 더 하는 것도 아니라고 말입니다. 정말 그것이 전부입니다.

왠지 명상을 하려면 특별한 장소에 가야 할 것 같고, 한 시간 이상은 해야 할 것 같고, 특정 종교를 믿어야 할 것 같고, 무언가 도구(싱잉볼, 음악, 향 등)가 필요하다고 생각할 수 있어요. 하지만 명상하는 데는 사실 많은 준비가 필요치 않습니다. 제가 느끼기에 아래 세 가지 정도면 충분합니다. 단, 여기서의 명상은 앉아서 하는 좌선처럼 멈춰서 하는 명상을 가리킵니다.

첫째, 명상을 하려는 마음

둘째, 숨을 쉴 수 있는 코

셋째, 안전한 장소(예를 들어 건널목을 건너다가 갑자기 눈을 감고 앉을 수는 없으므로)

참 간단하죠? 참고로 저는 명상 중에서 가장 보편적인 '호흡 명상(들숨·날숨 알아차림)'을 주로 하고 있습니다. 그러나 실제로 해 보면 코끝 숨에만 집중하는 일이 의외로 그렇게 쉽지 않습니다. 이를테면 갑자기 이마가 간지럽거나 어깨가 쑤시거나 다리가 저리거나 바깥의 소음이 거슬리는 등 '감각'이 크게 느껴질 수 있습니다. 게다가 어제 본 드라마, 오늘 들은 뉴스, 지난번에 나눈 대화, 며칠 뒤 치를 시험이나 회의, 오늘 저녁 메뉴와 다음 날 오전 일정 등의 '생각'이 떠오를 수 있습니다. 그리고 그 생각이 뻗어나가 언젠가 서운했던 일, 아쉬웠던 일, 미안한 일, 화가 나는 일, 슬픈 일, 즐거웠던 일 등 온갖 '감정'을 끌어들일 수 있습니다.

명상을 하는 사람에게 이 모든 요소는 '방해 요소'이자 아주 좋은 '수련 도구'입니다. 감각이나 생각, 감정이 떠오르면 떠오르는 대로 지켜보며 인지합니다. 여기서 중요한 포인트는 그 요소들을 더 발전시키거나 애써 멈추려 하지 않고 그냥 '지켜본다'는 것입니다. 그러면 떠오른 잡념과 감각들은 동력을 잃고 곧 신기루처럼 사라질 거예요. 이 모든 과정은 의식이 나의 뜻대로 코끝 숨이라는 대상에 머물도록 단련하는 데 도움을 줍니다. 마치 태양빛을 작은 돋보기로 모아서 한 점을 비추듯이 집중력을 끌어올릴 수 있어요. 코끝 숨에 정확히 의식이 모일 때, 이제야 제대로 '나'라는 배의 방향키를 잡은 느낌입니다. 그 대상이 호흡이든 갑작스레 떠오른 감각이든 그것을 그대로 인지하는 것이 바로 '알아차림'이고 명상의 주요 원리이자 방법입니다.

하루 단 5분, 아니 3분도 좋습니다. 처음부터 무리해서 오래 앉아 있을 필요는 없습니다. (자칫하면 셀프 고문이 될 수 있으므로) 허리를 펴고 바른 자세로 앉아서 눈을 감고 코끝의 숨을 바라보는 겁니다. 아마 처음부터 잘 되지는 않을 거예요. 마치 태어나서 수영을 처음 배울 때 물을 먹거나 팔다리가 제대로 움직이지 않는 것처럼 지극히 당연한 일입니다. 다른 모든 배움과 마찬가지로 명상에도 반복과 연습이 필요합니다. 그러다 보면 호흡은 미세해지고 앉은자리는 가벼우면서도 안정적인 상태가 됩니다. 머릿속은 폰 용량 정리를 마친 것처럼 가뿐해지고 감각이 받아들이는 정보는 뿌연 창을 닦은 듯 한결 명료해집니다. 방 청소는 하면서 마음 청소는 왜 하지 않았을까, 이토록 먼지가 쌓여 둔탁하고 힘든 걸 왜 몰랐을까 하는 생각이 듭니다.

수영을 어릴 때 배웠다면 자세한 건 잊더라도 물에는 뜰 수 있게 되는 것처럼, 한번 명상하는 방법을 익혀 놓으면 시간이 한참 흐른 뒤에라도 자연스럽게 명상을 이어갈 수 있습니다. 세월이 얼마나 흘렀는가와 상관없이, 눈을 감고 온전히 호흡에만 집중하는 그 순간, 즉 '명상'이라는 특정한 시간을 측정하는 시계가 별도로 존재하는 듯이. 덕분에 오랜만에 명상을, 그것도 매일 하는 나름 극적인 전개가 이루어졌어도 막상 다시 앉은자리에서는 책 페이지 한 장을 넘겼을 뿐인 것처럼 낯설지 않고 편안하게 느껴졌습니다.

명상을 신비주의적인 대상이나 종교적인 믿음으로 보거나

학술적인 측면에서 접근하고 싶지 않습니다. 단지 진짜로 명상할 뿐입니다. 그리고 그 과정에서 일어나는 변화를 이렇게 글로 남기기로 했습니다. 4년 전 처음 매일 명상을 시작할 때는 혼자만의 체험 수기였지만, 그 사이 명상 지도자가 되면서 다양한 분들과 함께 명상을 나누며 더 다채롭고 풍부한 경험을 기록하게 되었습니다. 현재 어머니와 운영 중인 금빛요가명상센터 및 동국대학교 명상지도전문강사 과정에서 여러 가지 명상 실습을 지도하면서 배운 바, 명상에 참여하신 분들의 소감, 일상에서 활용하기 좋은 몇 가지 주요 명상법과 호흡법에 관한 설명을 중간중간 '명상 길잡이' 부분에 포함했습니다. 그러니까 이 책은 저의 명상 체험을 담은 에세이지만 동시에 실제로 명상하는 데 도움이 될 만한 내용을 담은 실용서이기도 합니다.

우리가 몸 건강을 위해 요가나 달리기 같은 운동을 하듯이, 마음 건강을 위해 누구나 쉽게 명상해볼 수 있기를 바라는 마음으로 이 책을 썼습니다.

우선 앉아 본다:
명상하기 좋은 자세

명상하기 좋은 두 가지 자세를 한눈에 알아보기 쉽도록 위에서 내려다본 시점에서 그려보았습니다(26쪽과 28쪽 그림. 스케치북에 2B 연필로 밑그림을 그리고 지우고 또다시 그리기를 반복하면서 손과 발을 그리는 게 세상 어렵다는 사실을 깨달았습니다. 완성하는 데 각각 세 시간 정도 걸린 것 같네요. 눈물…). 하지만 추천 자세일 뿐 꼭 이렇게 앉아야 하는 것은 아닙니다. 그냥 척추를 바르게 세우고 앉아서, 여의치 않다면 눕거나 서서 명상하면 됩니다. 또한 손 모양의 이름을 굳이 알 필요도 없습니다. 사실 저도 잘 몰랐습니다. 다만 실제 제가 명상을 할 때 주로 앉는 두 자세라서 그림을 그리는 김에 참고 삼아 설명을 덧붙였습니다.

① 평좌 혹은 수카 아사나 변형과 친 무드라

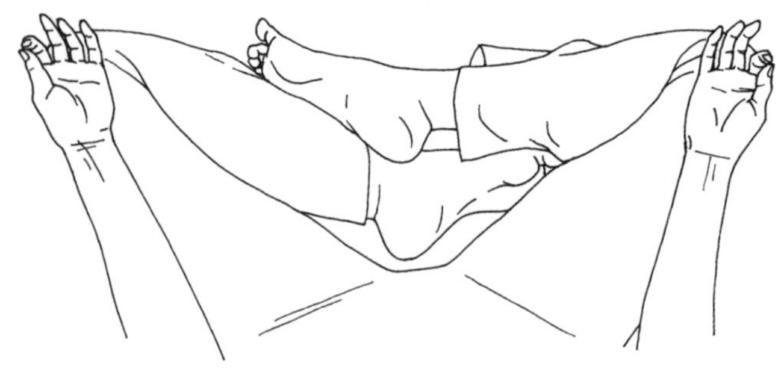

산스크리트어로 '아사나'는 요가 자세를, '무드라'는 봉인 또는 태도, 몸짓을 뜻합니다. '평좌'는 편하게 앉는다는 뜻이며 발과 발이 겹치지 않도록 앉는 자세로 수카 아사나 변형이라고도 볼 수 있습니다. '수카'는 행복이나 기쁨을 나타내며 '편한 자세'라고도 부릅니다. 원래의 수카 아사나는 흔히 하는 양반다리와 비슷한데 두 발을 각각 반대쪽 허벅지 아래에 놓습니다. 친 무드라는 여러 무드라 중에서 손으로 하는 하스타 무드라에 속하며, '친'은 의식을 뜻합니다.✲ 참고로 같은 손 모양에서 손바닥이 바닥을 향하도록 뒤집으면 자나 무드라가 되며 '자나'는

✲《아사나 쁘라나야마 무드라 반다(Asana Pranayama Mudra Bandha)》, 스와미 싸띠아난다 사라스와띠 저, 한국요가출판사, 2007

지혜를 가리킵니다.

내가 경험한 이 명상 자세의 장점과 의의

이 다리 모양은 십여 년 전 명상 집중 수련에서 배운 자세입니다. 미얀마에서 오래 수행하신 명상 스승님이 일러주셨습니다. 미얀마의 스님들이 장시간 좌선을 하면서 다리가 저리지 않도록 고안한 방법이라고 들었어요. 확실히 발이 서로 겹치지 않아 오래 앉아 명상하기에 좋은 자세입니다. 친 무드라의 손 모양은 이 다리 모양과 잘 어울립니다. 발을 저렇게 앞뒤로 겹쳐 배치했을 때 하체 쪽이 느슨하게 풀리며, 무릎이 붕 떠오를 것만 같은 느낌이 드는데, 손등을 각각 저렇게 올려놓으면 구조적으로 안정되면서 한결 편안해집니다. 또한 엄지와 검지 끝을 모아서 자물쇠처럼 집중력이 흩어지지 않게 잠그는 듯한 느낌을 줍니다. '의식'이라는 뜻처럼 친 무드라는 내가 지금 명상하고 있음을 자각하게 하며, 약간의 졸음 방지 효과도 있는 듯합니다.

주의점 및 꿀팁

발이나 다리가 서로의 무게에 눌리는 대부분의 앉는 자세들에 비해 다리 저림이 덜하기 때문에 장시간 명상할 때 특히 좋은 자세입니다. 그러나 사람에 따라 고관절이나 다리 근육의 긴장 정도가 다르므로 무릎이 바닥에서 많이 뜨는 경우에는 꼬리뼈

쪽에 체중이 쏠리면서 불편하게 느껴질 수 있습니다. 그런 경우 엉덩이와 무릎 아래에 방석이나 담요를 받쳐 앉으면 도움이 됩니다. 그리고 장시간 명상을 할 예정이라면, 무릎이 충분히 바닥에 닿더라도 엉덩이 밑에 방석 또는 담요를 접어서 (엉덩이가 무릎보다 더 높은 곳에 있도록) 깔면 척추 정렬을 보조함으로써 허리(요추)에 부담을 덜어줍니다.

② 파드마 아사나 자세와 디야나 무드라

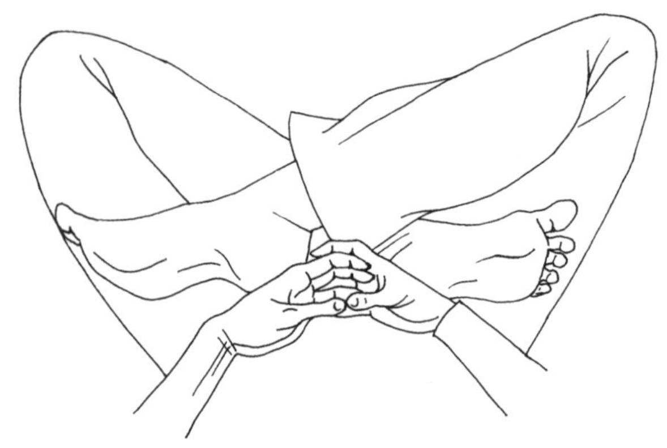

'파드마'는 연꽃, '디야나'는 요가 기본 경전《요가 수트라》에 나오는 요가의 8단계 중 '명상'을 가리킵니다.✢ 파드마 아사

✢《요가의 언어》, 김경리 저, 위즈덤하우스, 2019

나(연꽃 자세, 결가부좌)로 앉아서 발뒤꿈치 위에 두 손을 포개듯 모아 엄지를 붙인 자세입니다. 디야나 무드라는 그 이름처럼 명상할 때 보편적으로 하는 손 모양입니다.

내가 경험한 이 명상 자세의 장점과 의의

참고로 저는 이 무드라의 이름이나 뜻을 이 글을 쓰기 전까지는 몰랐습니다. 근데 왜 굳이 디야나 무드라를 권하는가 하면 연꽃 자세의 다리 위에는 저 손 모양이 찰떡같이 편하게 어울렸기 때문입니다. 파드마 아사나에서는 고관절과 무릎의 각도에 경사가 생기며 허리가 좀 더 펴지는 효과가 있습니다. 이때 두 팔을 따로따로 무릎에 올린 채 오래 앉으면 무릎이 아래로 미세하게 멀어져서 어깨에 부담이 느껴집니다. 반면 자세 특성상 무릎 대신에 몸 중앙을 향해 가까이 솟아 있는 발뒤꿈치 위에 손을 포개어 얹으면 포근한 안정감이 느껴지며 어깨의 부담이 덜합니다. 두 엄지 끝을 붙여 두 손이 연결되면서 유기적인 느낌, 에너지가 새어나가지 않고 선순환되는 느낌을 줍니다. 두 엄지 끝을 붙이는 대신 감싸고 있는 바깥쪽 손 엄지가 다른 손 엄지 위에 올라가도록 겹쳐도 좋습니다.

주의점 및 꿀팁

가급적이면 오른발, 왼발을 각각 위에 교차해서 올려보고 더 어색하고 불편한 쪽으로 앉는 것이 골반의 좌우 균형을 맞추는 데 도움이 됩니다. 이 자세를 장시간 유지할 경우 다리가 저리거나 좌골 신경통이 악화될 가능성이 있기 때문에 개인적으로는 5~20분 정도 명상을 할 때에 추천합니다. 그러나 이 자세가 이미 익숙하다면 편안하게 느껴지는 만큼 유지해도 상관없습니다.

다시 한번 강조하고 싶은 점은 자세와 손 모양은 크게 중요치 않다는 것입니다. 가능하면 척추 건강을 해치지 않는, 그리고 어깨가 불편하지 않은 자세로 앉아서 (혹은 서거나 누워서) 눈을 감고 코끝의 숨을 관찰하면 됩니다.

차 례

생각
바라보기
.2.

몸의 통증
완화하기

. 5 .

명상이
바꾼 것들

.1.

우르드바 무카 파스치모타나 아사나 자화상

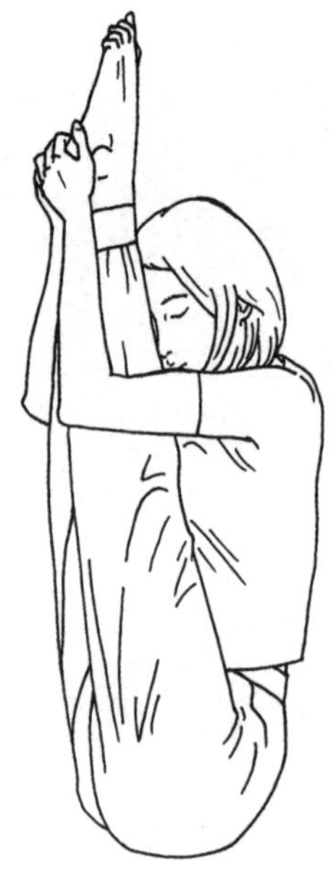

화가 날 때는 내가 나를 꼬옥 안아주듯이
앞으로 몸을 기울여서 깊이 호흡하면 도움이 됩니다.

"화가 많아서 힘들어요."
명상한다고 해서 화가 나지 않는 것은 아닙니다. 하지만 화가 나는 이유
를 생각해보게 됩니다. 그리고 '화'라는 감정 그 자체에 몰입하기보다
는 내가 지금 화가 나려고 한다는 사실을 빨리 알아차리게 되면서 좀 더
차가워진 머리로 상황이 최악으로 치닫는 것을 방지할 수 있습니다. 명
상을 통해 내가 느끼는 감정들, 나 자신에 관해 더 잘 이해하고 배울 수
있습니다.

층간 소음과
명상

어제 깊은 새벽까지 명상 강의 자료를 만들고 늦게 잠들었다. 하지만 그것만으로는 오늘 아침 눈을 떴을 때 다소 어지러웠던 증상이 설명되진 않는다. 더 주된 원인은 층간 소음이다. …이틀 동안의 과로로 지친 몸을 누이고 본격적으로 잠이 든 직후, 40분에서 한 시간쯤 지났을까. 위층에서 고함이 들리기 시작했다. 전에도 종종 들렸던 소리인데 이렇게 한밤중, 아니 꼭두새벽에 들린 건 오랜만이었다. 눈이 번쩍 떠질 만큼의 굉장한 데시벨이었다. 몸은 꿈나라행 열차에 이미 탑승해서 바위를 매단 것처럼 심연으로 가라앉았는데 눈과 귀 등 일부 감각기관과 정신만 조금 깨어난 상태에서 이 상황을 관찰하게 되었다. 우선은 당연하게도 화가 났다. 심신의 피로를 풀고 기능을 회복하는 데 꼭 필요한 수면이 방해받은 것에 대한 분노. 그리고 저 괴로운, 마치 손톱으로 칠판을 긁는 것 같은 목소리를 듣는 것에 대한 큰 거부감이 일어났다. 그 목소리는 위아래로 요동치는 지진 그래프처럼 진동하면서 고막을 울리고 있었다. 그 순간 전에 살았던 집에서 겪은 층간 소음 사태가 떠올랐다. 그 집에서는 꽤 자주 여러 사람이 파티하는 소리가 들려왔는데, 음향 스피커의 묵직한 진동, 둘러앉아 떠들며 까르르 웃음을 터뜨리던 목소리들이 새벽까지 이어져서 자다 말고 도대체 어느 집인가 계단을 오르내리며 확인해볼 정도였다. 참다못해 관리사무소에 몇 번 얘기도 해보고, 소음이 너무 심한 몇몇 새벽에는 경찰에 신고할 요량으로 녹음을 하기도 했다(결국 신고는 안 했지만). 여러 세대에서 민원이 폭주해서 언제부턴가 조용해지긴 했으나 그때의 기억으로 층간 소음으로 인해 일어날 수 있는 사건·사고들을 이해할 수 있었다. 어제는 이전 사태만큼 분노가 치솟지는 않았는데, 나는 그런 김에 누운 채로 과거와 현재의 차이점을 떠올려 보았다. 하나는 그래도 매일 명상을 한 덕분에 마음에 좀 더 여유가 생겼다는 점, 그리고 또 하나는 소음의 종류가 달랐던 것 같다. 첫 번째 층간소음 때는 내가 소음으로 인해 괴로워하는 동안 그들은 파티를 하며 즐거운 상태였다. 그래서 더 괘씸한 마음이 일어났던 것 같다. 그러나 지난 밤 윗집에서 들려온

소리는 즐거움과는 전혀 다른 성질의, 괴로움을 담은 소리였다. 길길이 날뛰며 입으로 불을 뿜는 소리. 그걸 자다 말고 듣는 나도 괴롭지만 그렇게 화를 내는 당사자는 아마도 지옥 속에 있었을 것이다. 화에 집어 삼켜진 상태로, 몸에서는 굉장한 양의 스트레스 호르몬이 쏟아지고 있었을 테다. 그런 생각에 미치자 분노 틈으로 일말의 측은지심이 올라왔다. 아무래도 지난 저녁 수업에서 했던 자애 명상*이 저 사람에게는 닿지 못했나 보다 생각하며, 저 존재의 빠른 안녕을, 모든 존재의 평온한 밤(아니, 새벽)을 바라는 마음으로 다시 잠을 청했다.

✣ 자애 명상(loving kindness meditation)은 자비심과 자애심을 기르는 명상법으로 명상 대상에는 '세상 모든 사람'이 포함된다. 자세한 내용은 이어질 '명상 길잡이: 행복을 주는 자애 명상'(327쪽) 참조.

명상을 한다고
화가 나지 않는 건 아니다

명상 54일째 14분 명상 후 일기

명상을 한다고 해서 화가 나지 않거나 몸이 아프지 않은 것은 결코 아니다. 사람이기 때문에 화도 나고 아프다. 그런데 전에 비해 그 횟수와 강도가 현저히 줄어들었다.

전에는 한 주의 모든 수업을 마친 후 주린 배를 안고 혼자 식사할 때면 왠지 모르게 화가 치밀었다. 주로 김밥 한 줄이었으므로 식사를 했다기보다는 간단히 끼니를 때웠다는 표현이 더 어울릴 듯하다. 물론 김밥은 재료의 색 조화가 보기에도 아름답고 영양학적으로 좋으며 게다가 맛있는, 그러니까 내가 생각하는 가장 똑똑하고 훌륭한 음식 중 하나다. 김밥이 초라하다는 것이 아니고 수업 후에 식당 한쪽에서 그걸 먹는 나의 모습이 그랬다. 일반적인 식사 시간보다는 조금 늦은 시간이어서 과하게 먹기엔 부담스럽고 연이은 수업으로 입맛도 별로 없는 상태에서 그나마 택한 메뉴를 그야말로 '어쩔 수 없다는 듯이' 질경질경 먹었다. 천장 환풍기에서 나오는 찬 바람이 너무 싫었고 딱히 다른 대안 메뉴가 없다는 것이 불만이었으며 하여간 모든 게 신경을 건드리는 느낌이었다.

그런데 요즘은 다르다. 오늘도 바로 그런 날이었는데, 똑같은 스케줄을 소화했는데도 불구하고 김밥을 먹으면서 그냥 끼니를 때운 게 아닌 제대로 된 식사를 한 기분이었다. 김밥이 맛있었고, 찬바람은 여전했지만 맛있게 먹느라 별로 신경 쓰이지 않았고 따뜻한 물을 한 모금씩 곁들여 천천히 씹으며 '아, 이번 주도 끝났구나' 해방감과 여유를 만끽했다. 맛있게 먹으리라, 감사하리라 하고 다짐한 것도 아닌데 그냥 그렇게 되었다. 역시 완전무결하고 변하지 않는 사람이란 존재하지 않음을 느꼈다. 만일 내가 주변의 영향과 관계없이 특정한 성격과 성향, 행동 패턴을 가진 '이러이러한' 사람이라면 똑같은 상황이 주어졌을 때 늘 같은 반응이어야 하는 것이 맞다. 그런데 왜 다른 반응이 일어나는가?

모든 것은 조건에 따라 변한다는 사실을, 나 자신을 실험체 삼아 증명하고 있는 것만 같다. 물론 오랫동안 쌓아온 습관이 있기 때문에 모든 것이 하루아침에 바뀌진 않는다. 그런 걸 기

대하는 일은 복권 당첨을 바라는 일만큼이나 부질없다고 생각
한다.

한 방울씩 떨어지는 물이 바위를 깨듯이 이런 작지만 삶의
질에 영향을 줄 수 있는 주요한 변화가 조금씩 일어나고 있다.
이것이 명상의 결과이고 과정이며 힘이라고 믿는다.

명상 수업에서 자주 듣는 질문들

화가 나서 명상이 잘 안 돼요.

그럴 때는 평소보다 좀 더 강하게 들숨·날숨을 해보세요. 나의
들숨·날숨을 알아차릴 수 있게, 산란한 마음이 멈추고 더 강한
호흡에 의식이 모이도록 해봅니다. 코로 깊게 들이마시고 입으
로 몇 번 내쉬는 방법도 스트레스 해소에 좋습니다. 또는 여건이
된다면 조금 빠르게 걸어보세요. 왼발, 오른발 걸음에 집중하면
서 걷다 보면 처음에 강하게 올라왔던 감정이 흩어지고 서서히
가라앉는 게 느껴질 거예요.

의외로
아무렇지 않았다

그동안 수업에서 한 발로 균형을 잡는 스탠딩 아사나는 별로 하지 않았다. 아주 뜨문뜨문했는데 그 이유는 바로 넘어질까 봐였다. 그날 중점을 둔 자세의 경우, 가급적이면 회원들에게 무리가 되지 않게 말로만 설명하는 것이 아니라 같은 시간 동안 그 아사나를 함께하는 편이다. 그런데 혹시라도 내가 비틀거리거나 넘어지게 된다면? 요가를 지도할 자격이 없는 게 아닌가? 솔직히 두려웠다. 설명을 하면서 자세를 유지하다가 호흡이 가빠지거나 집중이 흐트러져 균형을 잃고 휘청거리게 될까 봐. 아마 그런 두려움 이면에는 요가 강사라면 항상 완벽한 자세를 유지해야 하며 결코 동작이 흔들려서는 안 된다는 일종의 강박이 있었던 것 같다.

　하지만 지난주와 이번 주에는 수업 시퀀스에 모두 한 발로 균형 잡는 자세를 포함했다. 여느 때처럼 동작을 구상해 보니 그날의 강의 흐름에 그 자세들이 잘 어울릴 것 같았다. 한 발로 지탱하는 자세는 분명 어렵지만 하체의 근력과 균형감각을 키우는 데 도움이 된다. 게다가 기존에 했던 방식보다 더 자연스럽고 편안하게 해당 자세로 넘어가는 방법을 수업 구상 중에 발견했다. 어쩌면 이것도 명상을 통해 폰 용량을 줄이듯 뇌 공간을 정리하면서 얻게 된 효율성인지도 모른다. 그렇게 오랜만에 다소 기피하던 자세들을 수업에 냅다 넣어버렸다.

　아, 그런데 우려하던 일이 발생했다. 수업을 연달아 하던 중에 조금 힘이 빠졌는지 지탱하던 발이 흔들리면서 몸이 휘청했던 것이다. 그래서 반대쪽 발이 바닥에 잠시 닿아버렸다. 그토록 두려워했던 일이 일어났는데 어라, 의외로 아무렇지 않았다. 상상했던 것만큼 수치스럽거나 절망스럽지 않았다. 땅에 발이 닿은 즉시 다시 들어올렸고, 균형을 바로잡았다. 그제야 좌로 우로 흔들리고 발이 떨어지면서도 포기하지 않고 몇 번이고 자세를 유지하려 노력하는 다른 이들의 모습이 눈에 들어왔다. 그러고 보니 나는 평소에 머리를 말리면서 한발 균형 잡기 자세를 하고 있었다. 언젠가부터 매일 해오면서도 나를 믿지 못했던 것이다. 잠시 휘청거리더라도 금세 회복할 수 있다는 사실을.

명상을 통해 스스로에 대한 믿음이 생기면서 동시에 실패
에 대한 두려움이 조금 줄어들었다. 넘어지면 일어서면 된다는
단순한 진리를, 어릴 적 자전거를 처음 탈 때 깨달았던 감각을
다시 익혔다.

마음의 뿌리에
관하여

나는 사주에 관해 잘 모르지만 내 사주가 어떤지는 어느 정도 알고 있다. 어머니께서 수년 전 사주명리학을 공부하신 덕분이다. 며칠 전 엄마와 대화하다가 새롭게 알게 되었는데 내가 '아주아주 예민한' 사주를 타고났다는 점이다. 참 흥미로운 일이다. 물론 나도 잘 알고 있는, 대부분 일상에서 불편함을 느끼게 하는 요소이지만 그게 꼭 나쁜 기질이라고 생각되진 않았다. 최근에 마침 이러한 나의 호불호, 즉각적인 감정 반응, 스스로 느끼는 결점 등에 관해 고찰해보고 있었다. 어떤 상황을 마주할 때나 누군가를 대할 때 내 안에서 일어나는 반응들을 탐지해 보면, 그것이 불쾌함일 때는 어쩌면 (항상 그렇지는 않겠지만) 내 안에 있는 여러 면모 중에 그와 비슷한 요소가 반응하며 느껴지는 감정이 아닌가 싶었다. 예를 들어 누군가 뻐기는 모습을 보면 내 안의 잘난 체하거나 인정받고 싶은 욕구가 자극이 되며 소위 말해 '꼴 보기 싫은' 마음이 드는 게 아닌가 하고. 그러면서 단지 불쾌감이나 거부감을 넘어 그 감정들로부터 배울 수 있음을 알게 되었다. 하나는 지금 그 꼴불견으로 보이는 모습을 나도 언제든 할 수 있다는 것이며, 다른 하나는 이 싫고 좋은, 기피하거나 집착하는, 동경하거나 멸시하는, 분별하는 마음에 뿌리가 있다는 점이다. 오래된 습관처럼 작동하는 이 마음의 실마리가, 표출되는 '감정' 속에 있다. 그 뿌리를 없애면 나는 자유로워질 수 있을 것 같다.

나의 부끄러운
첫 명상 집중 수행의 기억

사실 나의 첫 명상 집중 수행(리트릿, retreat)은 자의적인 것은 아니었다. 열아홉 살 무렵, 명상에 진심인 어머니 손에 이끌려 마지못해 갔다. 첫날 계속 앉아 있다 보니 너무 지루해서 혼자 돌아다니다가 빈 법당에 들어가서 피아노를 쳤다. 외우고 있던 몇 안 되는 곡 중 하나를 한창 치고 있는데 법당 문이 열리더니 두 사람이 들어왔다. 한 분은 비구니 스님, 다른 한 분은 종무소 관계자로 보였다. 혹시 예불 때 피아노 반주를 맡은 사람이냐고 물으시길래 나는 아니라고, 그냥 명상하러 온 사람이라고 대답했다. 그러자 그 관계자는 아리송한 얼굴로 '아니, 그럼 명상을 하셔야지…'라고 했다. 명상하는 공간과는 거리가 있어서 괜찮을 거라 생각했는데 아니었나 보다. 무언가 해선 안 될 일을 하다가 들킨 것만 같은 민망함과 무안함이 밀려와서 건반을 내려다보았다. 그리고 나는 곧 그 관계자보다 열 배는 더 아리송한 얼굴이 되었다.

비구니 스님이 다가와 말없이 내 어깨를 끌어안았기 때문이다. 당시에는 잘 몰랐지만 지금 돌아보니 그건 자비심이었다. 피아노를 치다가 문이 열린 후부터 나는 민망함, 무안함뿐만 아니라 화를 느끼고 있었던 것 같다. 그걸 감지한 스님이 불을 꺼준 것이다. 마치 담요를 덮어 끄듯이. 스님은 아무 말도 하지 않았지만 한편 모든 것을 말하고 있었다.

결론적으로 나는 어머니보다 며칠 더 머물며 수행했다. 이후 몇 번 더 집중 수행에 참가했으나 학업, 해외 인턴십, 취업 후 직장생활, 결혼 등으로 바빠지면서 어느덧 꿈처럼 잊게 되었다. 직장을 그만두고 요가를 가르치다가 다시 명상에 연이 닿게 되어 지도자 과정도 배우고 명상 일기를 쓰다 보니 내 안에 나이테처럼 남아 있던 초기 수행의 일이 떠올랐다.

그렇게 매일 명상한 지 180일 정도 되었을 무렵, 거의 십 년 만에 스님을 찾아갔다. 그 사이 강산이 변한다는 시간이 흘러버렸으나 명상 수행에서 다시 뵌 스님은 여전했다. 지혜를 담은 눈이 맑게 빛났다. 그런데 나는 많이 변했는지 '왜 이렇게 야위었냐'고 (아마도 젖살이 빠진 것이겠지만) 두 번이나 물어보셨다.

'네가 무아에 대한 질문도 하고 출가하면 잘하겠다 싶었는데…'
라고 하셨을 때 당시 진지하게 출가를 권유하셨던 게 기억나,
이미 결혼을 한 지 꽤 된 나는 씁쓸한 웃음이 났다.

　　비록 길지 않은 수행 일정임에도 좋은 유산을 남긴 시간이
었다. 아침잠이 많아 새벽 예불 시간에 늦기도 하고 오래 앉아
있다가 체하기도 했지만, 새벽 어스름에 머릿속까지 맑아지는
산 공기를 맡으며 걷기 명상을 하고 고요한 법당에서 좌선하던
평온을 잊지 못할 것이다. 일상으로 돌아온 지금, 여전히 명상
하다 보면 때로 졸음과 집중 흐트러짐, 허리 통증 등의 방해들
이 찾아오지만 나쁘지 않다. '마음은 매 순간 사라지지만 매번
다시 일으키면 된다. 마음도 다른 모든 것과 마찬가지로 사라지
는 성질이 있지만 슬퍼할 필요는 없다. 사라지기 때문에 거기에
서 벗어날 수 있는 것'이라는 스님의 말씀을 되새겨본다.

마음이 괴로울 때
나는 어떤 선택을 할까

마음이 괴로울 때, 나는 어떤 선택을 할 수 있을까? 오늘은 아침 댓바람부터 매우 불쾌한 일이 발생해서 오히려 마음을 들여다볼 기회가 생겼다. 우선은 그럼에도 불구하고, 다른 대부분의 어른들이 그렇듯 (이제 직장인은 아니지만 K-직장인의 정신으로) 출근했다. 수업을 지도하며 천천히 호흡하도록 안내하면서, 나도 더욱 느리게, 여유를 가지고 숨을 마시고 내쉬었다. 그러면서 이런 의문이 들었다. 오전부터 나를 괴롭게 만든 그 일은 분명 불쾌한 일이었다. 하지만 그렇다고 해서, 내가 온종일 '불쾌감' 속에 갇혀 있어야만 하는가? '닥터 스트레인지(시공간을 조절하는 능력을 지닌 마블 캐릭터)'가 아닌 이상 이미 일어난 일을 바꿀 수는 없다. 하지만 지금 나의 마음은, 바꿀 수 있는 여지가 있다. 힘들고 고통스러운 상황에 놓여 있다고 해서, 시종일관 찡그린 채 끊임없이 그 일을 되뇌어야 할 필요는 없지 않은가? 그렇다고 해서 일이 더 빨리 해결되는 것도 아닌데. 내가 가진 고통에 이자까지 붙여서 스스로를 고문하지 말아야겠다는 마음이 일어났다.

그러자, 예전부터 근심과 걱정이 많고, 때로는 지나친 상상력과 비약으로 번민에 익숙했던 나의 사고방식이 조금 달라졌다. 수업을 마칠 때쯤엔 입가에 저절로 엷은 미소가 지어질 만큼 약간 여유가 생겼다. 그 약간의 틈으로, 숨을 쉴 수 있었다.

'그래, 지금 이 괴로운 감정은 영원한 게 아니지.'

영원할 것 같던 기분이 찰나에 변화하는 것을 보며, 그렇게 절망의 구렁텅이에서 고개를 들었다. 캄캄했던 눈앞이 밝아지며 하늘이 보였다. 돌아보면, 과거에도 나는 이런 구덩이에 종종 빠진 적이 있었다. 그리고 매번, 나는 거기서 걸어 나왔다.

‘그래, 지금 이 괴로운 감정은 영원한 게 아니지.’

영원할 것 같던 기분이 찰나에 변화하는 것을 보며,

그렇게 절망의 구렁텅이에서 고개를 들었다.

캄캄했던 눈앞이 밝아지며 하늘이 보였다.

마음을
단단하게 한다는 것

참으로 다채로운 명상이었다. 체감으로는 16분이 30분처럼 느껴졌다. 지루했다는 얘기가 아니라 오히려 그 반대이다. 눈을 감은 동안 시공간이 고무줄처럼 늘어난 덕분에 정말 여러 가지 현상을 체험할 수 있었다.

수개월 혹은 일 년 전쯤 처음 듣고 마음에 쏙 들어서 플레이리스트에 저장해두었던 노래가 뜬금없이 떠올랐다. Blu DeTiger의 〈Vintage〉라는 팝송인데, 이 곡의 시작 부분이 별안간 명상 중 내 안에서 재생된 것이다. 나만을 위한 작은 콘서트처럼.

일반적으로는 방해로 여겨질 만한 요소임이 분명하지만

희한하게도 환영하는 마음이 들었다. 그리고 다행히도 그 곡은 처음 몇 구절만 재생되고 조용히 사라졌다. 지난번 명상 중에 '생각을 버려야 한다'며 홀로 씨름했을 때보다 훨씬 깔끔하게 금방 사라져버렸다. '아, 이것이 마음 작용이구나' 하며, 어떤 것을 싫어할수록 그것에 더 신경을 쏟게 되고 오히려 떨치기 어려워진다는 것을 알았다.

이번의 방해, 아니 명상 중 찾아온 '손님'은 좋은 차를 마신 후처럼 개운한 여운을 남겼다. 몇 구절만 부르고 사라진 노래가 아쉽지도 귀찮지도 않았다. 집착, 애착, 미움, 무관심도 아닌 그 중간에 있는 마음이었다. 그냥 노래 자체를 분명히 보다가 사라진 것을 알았다.

명상을 왜 하냐고 한다면 지금은 한 가지로 대답할 수 있을 것 같다. 마음을 단단하게 해주기 때문이라고. 그런데 이 '마음'이란 게 꺼내 보일 수도 없고 형태도 없으므로 명상이 어떤 작용을 미치는지 그냥 설명하기엔 어렵다. 그래서 예로부터 전해오는 경전이나 성서에 여러 가지 비유를 든 이야기들이 많은가 보다.

마음을 단단하게 한다는 것은 예를 들자면 땅에 묘목을 심고 그 주변을 발로 밟아 흙을 단단히 다지는 것과 같다. 바람에 뿌리를 덮은 흙이 날아가버리거나, 불안한 기반으로 인해 나무가 옆으로 쓰러지지 않도록 잡아주는 것이다.

마음의 토대를 단단히 하여 주변의 여러 가지 자극과 충격에 마구 흔들리지 않게 해주는 것, 그래서 언제든지 중심으로 돌아오도록 돕는 것이 내가 명상을 하는 이유다.

타인의 수고와
노력을 목격한 순간

명상 1,190일째 30분 명상 후 일기

어젯저녁을 떠올려본다. 수업을 마친 후 밤늦게 밥을 먹고 고단한 몸으로 씻었다. 머리를 수건으로 감싸고 나오는데 창밖에서 윙— 하는 소리가 들렸다. 저 멀리서 경비 아저씨 한 분이 제설기를 들고 홀로 제설 작업을 하고 계셨다. 시계를 보니 자정이었다. 내가 편히 안방에서 드라이기 바람으로 머리를 말릴 때 누군가는 이 엄동설한에, 그것도 한밤중에 기계 바람으로 눈을 치우고 있었다. 미안하면서 감사한 마음이 들었다.

요즘 명상 책 최종 수정 작업을 하느라, 또 주말까지 가득 찬 수업들을 해내느라 조금 지친 상태였는데, '그래, 더 힘내보자.' 하는 생각이 일어났다. 힘들거나 힘들지 않음은 매우 주관적인 감각처럼 느껴질 수 있지만, 이렇게 타인의 수고와 노력을 목격함으로써 나의 힘듦에 덤으로 얹혀 있던 무게를 덜어낼 수 있다는 걸 느꼈다.

명상 수업에서 자주 듣는 질문들

명상 시 눈을 감는 이유

모든 감각 정보 중에 눈으로 받아들이는 시각적 정보가 가장 강력하고 가장 오래 기억되기 때문에[*] 온전한 집중을 위해 보통 좌선(앉아서 명상)을 할 때에는 눈을 감습니다. 참고로 간화선(화두를 통해 깨달음을 추구하는 명상법) 등 전통에 따라 눈을 그윽하게 아래로 뜨고 한곳을 응시하며 명상을 하기도 합니다.

[*] 《The Age-Proof Brain》, Marc Milstein, BenBella Books, 2022

변화는 그렇게 천천히
서정적으로 온다

수업 전 카페에서 하는 열 번째 명상이다. 이제 이 장소에서 명상하는 날도 얼마 남지 않았다는 생각에 오늘은 조금 더 오래 호흡을 보았다. 돌이켜보면 그동안 모인 명상 일기 중에 상당수의 쓸 만한 글들이 바로 이 카페에서 쓰였다. 늘 시끌벅적하고 후덥지근하며 일주일 중 가장 바쁜 날의 한가운데에서 아랑곳하지 않고 명상하며 일기를 쓴 것이다. 어쩌면 이 시간들이 무수히 반복되는 스케줄로 지친 내게 힘을 주었는지 모른다. 언제까지가 될지 모르겠지만 이 새롭게 자리 잡은 루틴과 함께라면 버틸 수 있을 것 같은 예감이 들었고, 이제 끝이 머지않은 시점에서 보니 그 예감은 옳았다.

분명 명상 이전에 비해 같은 일정을 보냈을 때 척추나 근육의 통증이 줄어들었고 일상에서 자잘하게 느껴지던 마음의 불편함이나 예민함이 줄었다. 당연히 하루아침에 영 딴사람이 된 것처럼 바뀌지는 않지만 한 걸음 두 걸음 숲길을 나아가다 보면 어느새 주변 풍경이 바뀌어 있는 것처럼, 변화는 그렇게 천천히 서정적으로 온다. 긴장감에 털을 뾰족하게 도사리고 있던 길고양이 같은 나의 마음을 따스한 손으로 어루만져준다. 그리고 그 손은 다른 누구도 아닌 나의 손이다.

모든 상황으로부터
무언가를 배운다

매일 명상을 하면서 느끼는 주요한 변화, 어쩌면 가장 중요한 변화는 바로 내가 모든 상황으로부터 무언가를 '배우고 있다'는 점이다. 외부에서 오는 갈등이든 내면에서 느껴지는 감정이든 타인의 악의이든 나의 왜곡이든, 그 어떤 불편함이나 불쾌함을 유발하는 상황 속에서도 마치 일종의 프로토콜처럼 이 배움의 절차가 작동하게 되었다.

명상은 단지 눈을 감고 앉아 명상을 할 때뿐만 아니라, 그 외의 일상과 나아가 삶 전반에 긍정적인 변화를 불러일으킨다는 점에서 특별하다. 며칠 전 식사를 하기 위해 키오스크 대기 줄에 서 있었는데, 매장에 두 개 있는 기계 앞에 일행인 두 사람이 각각 서서 서로 대화하며 퍽 여유롭게 주문을 하고 있었다. 이때 뒤에서 기다리던 중 마음속에서 불쾌함이 스멀스멀 올라오는 것이 느껴졌다. 물론 충분히 고민하며 메뉴를 고를 수 있는 일이다. 그런데 '굳이 기계 두 대를 다 차지할 필요가 있을까?' 하는 생각이 들었다. 거기까지 가는 길에 꽤 더웠고, 수업을 여러 개 한 이후라 허기가 진 상태였던 나는 이 불쾌한 마음을 그대로 관찰해보았다. 앞 사람들이 뒤에 있는 사람들(나 포함)의 소중한 시간을 배려하지 않고 지나치게 여유롭게 키오스크를 점유하고 있다는 생각, 나의 배고픔, 덥고 습한 날씨가 환장의 콜라보(?)를 이루며 이 불쾌함을 만들어낸 것임을 알았다. 그러고 나자 '왜 저래?'라며 인상을 찌푸리는 대신 날씨와 불쾌지수가 정말로 '불쾌감'을 높일 수 있다는 걸 실감하며 흥미로운 마음이 일어났다. 불쾌감이 약해지자 마음에 조금 여유가 생기며, 생각해 보면 그리 급할 것도 없다는 사실(배가 고프긴 했지만 한 시간을 기다려야 하는 건 아니었으므로)이 떠올랐다.

예전에는 그냥 '뚜껑이 열렸다'면 지금은 '아, 지금 뚜껑이 열리려고 하는구나.'라고 실시간으로 알게 되었다. 그리고 왜 화가 나는지, 내가 어떤 부분을 중요하게 여기는지 등등을 들여다보게 되었다. 그러니까 불쾌한 감정이 일어나긴 했으나 그 감정의 출처와 원인, 기여한 요소들을 고찰해보고, 감정이 일어나고 있다는 걸 즉각 알아차림으로써, 불필요한 더 큰 감정의 동

요나 스트레스 지수 상승을 막았다. 결국 '좋지 않은' 감정들이
아주 '좋은' 마음 관찰 기회를 제공했다.

커다란 시련

명상 일기가 뜸했던 동안 아주 커다란 번뇌(마음을 괴롭게 하는 일)가 있었다. 실로 오랜만에 겪는 대단한 크기라서 나는 이 기회를 빌려 마음의 변화와 그 양상을 기록해보기로 했다. 지금은 이렇게 꽤나 평화로운 (혹은 건조한) 어조로 이야기하고 있지만 내 마음이 경험한 것은 전혀 그렇지 않았다. 이 문제로 인해 온갖 분야의 전문가들과 상담했다. 흥미롭게도 이 골머리를 앓게 하는 사건과 모처럼 희망과 열정을 품고 들뜨게 한 일이 비슷한 시기에 찾아왔다. 마치 좋아하는 소설《데미안》에서 주인공 싱클레어가 설명한 '빛과 어둠의 두 세계'처럼, 그렇게 천국과 지옥이 번갈아 내 마음에 들이닥쳤다. 좋은 소식과 나쁜 소식 중 좋은 소식을 먼저 얘기해보자면 최근에 드디어 명상 관련 책을 논의하기 위해 첫 출판 미팅을 했다는 것이다. 매우 기쁜 일이지만 애석하게도 이번 일기의 주인공은 다른 쪽, 나쁜 소식이다.

우선 무엇보다도 나는 이 예기치 못한 번뇌, 즉 부정적인 사건이 발생했을 때 내가 느낀 분노의 크기에 놀랐다. 그건 주로 원인이 된 상대, 즉 타인에 대한 것이었지만 일부는 좀 더 꼼꼼하게 살피지 못한 나 자신에 대한 것이기도 했다. 이 화의 부피와 파괴력은 실로 대단한 것이어서 정신을 넘어 몸에도 슬슬 영향을 미치기 시작했다. 새벽까지 '너무 화가 나서' 쉽게 잠들지 못하는 것은 기본이었고, 얼마간 한쪽 귀에서 옛날 TV 화면을 조정할 때 나던 삐 소리 같은 선명한 이명이 들려왔다. 피부에 알 수 없는 염증 반응이 올라왔고, 뒷목이 뻣뻣해지고 속이 울렁거리면서 묵직한 두통이 와서 수업을 지도하기 어려울 정도였다. 하지만 이 정도인 게 다행으로 느껴질 정도로 분노의 크기는 어마어마하게 컸다. 그래서 나는 역으로 이 감정이 '내 안에서 나온 게 아님'을 알 수 있었다. 오히려 어떠한 조건들의 결합으로 '생겨난 것'임을 알았다. 성냥갑의 마찰면에 성냥을 그으면 불이 생기듯이. 왜냐하면 이 감정이 만약 내 안에 줄곧, 예를 들면 마음속 서랍에 있었던 것이라면 아마 나는 벌써 세상에 없었을 것이다. 온몸에 이 화의 독이 퍼져서 견딜 수 없었을 것이다.

　그래도 940일이 넘게 매일 명상을 하며 나 스스로도, 그리고 가까운 사람들(엄마, 남편, 친구 등)의 반응과 말을 통해서도 내가 여러 면에서 긍정적으로 변했음을 느꼈으나, 이처럼 날벼락 같은 시련을 맞닥뜨리고 나니 견고하다고 믿었던 내면의 안정성이 모래성처럼 허물어질 수 있음을 알았다. 그러나 이건 그리 슬픈 일은 아니다. 나는 그 모래성이 무너지는 것을 관조하게 되었다. 이로써 감정의 변동성, 마음의 무상함을 오롯이 체험할 수 있었다. 이 고난은 아직 현재 진행형이다. 하지만 나는 이를 통해 더 성장할 것이다. 쌓을 모래가 없다는 것을 아는 만큼, 더 자유로워질 것이다.

이따금 수면으로 올라오는 고래처럼

명상 962일째 40분 명상 후 일기

일상에 커다란 번뇌가 찾아온 지 몇 주째 여전히 시간표대로 수업을 하고 때가 되면 밥을 먹으며 살아가고 있지만 여러 가지 변화가 있었다. 이 번뇌가 오기 직전 나는 꽤 태평한 상태로 전에 써둔 명상 일기들을 타이핑해서 문서로 만들거나 혹은 단지 톱니바퀴처럼 적절히 맞물려 돌아가는 일정들에 대해 감탄하고 또 감사하는 글을 썼다. 그랬었다. 그런데 지금은 아무렇지 않게 일을 하는 외중에도 한 번씩 숨구멍으로 물을 뿜어내며 호흡을 하러 수면으로 올라오는 고래처럼 거대한 번뇌가 모습을 드러내며 마음을 사로잡는다. 이것은 괴로움이다. 나는 이 기회에 이 괴로움을 잘 관찰해보고자 마음먹었다. 자영업자의 길에 처음 들어서며 겪은 여러 일 중 아마 현재로서는 가장 크고 가장 어려운 이 일이 나에게 어떤 영향을 주고 있는지, 어떤 감정을 느끼게 했는지, 왜 그렇게 느꼈는지 등. 그리고 나는 일어난 일 자체보다는 (물론 큰일이긴 하지만) 그 이면의 문제들이 더욱 부피가 크고 더 나를 괴롭게 한다는 사실을 알아차렸다. 사전에 이 문제의 가능성을 알지 못한 나에 대한 원망, 어쩌면 의도적으로 이 일을 초래했을지 모르는 사람들에 대한 분노, 맡은 바 일을 제대로 하지 않아 나에게 피해를 준 사람들에 대한 증오, 일이 잘못될 경우 나뿐만 아니라 가족에게도 악영향을 줄 수 있다는 불안과 책임감, 일을 어떻게 해결해야 하는지에 관한 깊은 고민, 분쟁 시 득과 실 등. 앞서 나열한 것 중 일부를 제외하곤 대부분 일의 이면에 있는, 그러니까 과거나 미래에 대한 것이거나 있을지 없을지 모르는 숨은 요소들(상대방의 의도 같은 것)이라는 것을 알게 되었다. 이 문제의 본질은 물에 던진 돌처럼 이미 가라앉았으나, 그 여파가 물결처럼 사방으로 요동치며 내 마음을 흔들고 있었다.

명상 962일째라는 숫자가 무색하게도 나는 여전히 번뇌로 인해 괴로워하는 중생이었다. 물욕이 별로 없는 터라 늘 세속적 욕심과는 떨어져 있다고 느꼈지만, 이 세상에 발을 디디고 살고 있는 한, 속세의 여러 고충에서, 먹고사는 문제에서 그리고 사기꾼들의 교묘함에서 아예 동떨어져 살 수는 없는 일이었다. 덕분에 다시 한번 수행을 통해 깨달음을 얻어야겠다는 동기가 확고해졌다. 실제로 이 문제에 대한 상황 파악을 마친 후에 처음 내 입에서 나온 말은 이것이었다. "역시 나는 이곳에 어울리지 않아." 마치 예전 드라마 〈서울의 달〉 OST 〈서울, 이곳은〉의 가사처럼.

당장 내가 할 수 있는 부분이 없을 때는 굳이 괴로움에 휩싸여 문제를 곱씹고 있기보다는 그냥 일상을 묵묵히 이어가보기로 했다. 밥을 맛있게 먹고 커피도 마시고 산책도 하면서 기왕이면 즐겁게, 소소하고 행복하게. 그래도 명상 덕분인지 얼마 전에 단골 카페 사장님(이 문제가 터졌을 때 초반에 내가 조언을 구했던 분)이 "얼굴이 평온해 보인다"면서 잘 해결됐냐고 물었다. 나는 아직 아니라고 했다. 하지만 그렇게 되길 기다리고 있다고. 고뇌하며 잠을 설치던 단계가 이미 지나가서 그런 것일 수 있지만 어쨌든 명상으로 인한 이런 변화에 감사함을 느낀다.

문제의 본질은

물에 던진 돌처럼

이미 가라앉았으나,

그 여파가 물결처럼

사방으로 요동치며

내 마음을 흔들고 있었다.

흐린 날의
햇살처럼

날이 흐리다. 수업 두 개를 마치고 다음 수업 전까지는 여유가 있어서 산책하는데 모처럼 영상으로 올라간 기온이 무색하게도, 해가 나오지 않아 스산했다. 그런 김에 걸으며 흐린 날씨에 관해 고찰했다. 해가 비추는 날은 그것만으로도 어쩐지 기분이 한결 좋아지곤 한다. 우리 명상센터 창으로 블라인드 결을 따라 곱게 비치는 햇살은, 설사 그게 어제도 그저께도 늘상 보던 풍경이어도 다시 한번 눈에 담으며 경이로움을 느끼게 되는 것이다. 왜 그럴까? 내 나름대로 가설들을 몇 가지 떠올려보면, 아마도 해가 인류에게 이롭기 때문에—밝을 때 먹을 것을 구하러 갈 수 있고, 천적으로부터 피할 수 있고, 해가 열매나 곡식을 익게 하니까. 또 생리학적으로는 해를 봄으로써 밤에 편안하게 잠들 수 있는 멜라토닌이 분비되고, 몸에 필요한 비타민 D를 합성할 수 있으니까(물론 내 나름의 가설이라 틀릴 수도 있다).

아무튼 사람이 해를 반기는 게 자연스러운 것이라면 흐린 날은 어떨까. 이 차분한 날씨는 나에게 눈에 보이거나 보이지 않는 것에 관해 새삼스러운 깨달음을 주었다. 지금 구름에 가려 노랗게 쏟아지는 햇볕이 눈에 보이지는 않지만, 분명히 거기에 해가 있기에 내가 지금 앞을 보면서 걸어갈 수 있다는 걸 알았다. 어쩌면 나의 일상은 흐린 날의 햇살처럼, 직접 눈에 보이지는 않아도 나를 둘러싸고 있는 것들로 인해 지탱되고 있는 건지도 모른다. 공기처럼. 내가 사랑하는 사람들이 나를 사랑하는 마음처럼. "정말 중요한 것은 눈에 보이지 않는다."는《어린 왕자》속 구절을 오랜만에 떠올렸다.

무채색 하늘 아래 나뭇가지마다 겨울눈이 볼록하게 올라와 있었다. 구름이 있든 없든, 날이 춥든 덥든 나무는 조용히 그러나 부지런히 겨울 끝에서 봄을 부르고 있었다.

어린아이의
흥겨운 발걸음으로부터

명상 971일째 20분 명상 후 일기

모처럼 인류애가 충전되는 반짝이는 순간들을 목격해서 기록을 남긴다. 그러고 보니 근래에 일과 관련된 큰 이슈가 발생한 후 인류애가 거의 바닥을 쳤기에 이런 변화가 매우 값지다. 오전과 낮 수업을 마치고 늘 걷던 길을 걷는데 한 어린아이가 앞에 가고 있었다. 그 아이는 시원하게 이발한 지 얼마 안 된 듯한 까슬한 밤톨 머리를 하고서 한 손에 부채를 들고 어깨에는 책가방을 멘 채, 비탈길을 신나게 통통 튀어 오르며 내려가고 있었다. 무더운 날이었고 습하기까지 해서 불쾌지수가 치솟는 날이었음에도 아랑곳하지 않고 세상 흥겹게 가벼운 발걸음으로 걷는 어린

이의 모습에 왠지 모를 감동을 받았다.

또 하나의 깨달음은 다음 수업까지 여유가 좀 있어서 커피를 마시러 가는 길에 만났다. 역시 자주 지나는 길이었는데, 다소 무거운 가방(책, 텀블러, 노트 등이 들어 있는)을 짊어지고 땡볕 아래 언덕을 오르느라 슬슬 지치는 중이었다. 그때 맞은편에서 언덕을 내려오는 사람이 보였는데, 다리에 깁스를 하고 양팔에 목발을 짚고 있었다. 목발 두 개를 부지런히 움직여서 한 걸음 한 걸음 언덕을 걸어 내려오는 그 모습에 단지 가방이 무거워 지쳐가던 나는 순간 부끄러워졌다. 사지 멀쩡하게 언덕을, 아무 도움 없이 오를 수 있다는 것이 얼마나 감사한 일인지 완전히 망각하고 있었다는 사실이 묵직하게 마음을 울렸다. 이렇게 일을 하고 돌아다닐 수 있을 만큼 몸과 마음이 제 기능을 한다는 사실에 대한 고마움을 잊고 있었다. 이를 '디폴트', 즉 당연한 것으로 여기고 더 많은 것을 얻고자, 더 높은 곳에 이르고자, 내 뜻대로 모든 일이 흘러가길 원하다가 그러지 못하면 괴로워하지 않았는지, 나의 눈과 마음이 온통 밖으로 뻗쳐 있지 않았는지 돌아보게 되었다.

이렇게 삶에 경종을 울린 두 순간은 모두 내가 자주 걷던 길에서 만났다. 각각의 순간에서 내가 다른 생각에 빠져 있었다면 볼 수 없었거나, 보았대도 그냥 지나치며 아무것도 알아차리지 못했을 것이다. 매일의 명상은 이렇게 명상을 하고 있지 않

은, 그러니까 일상의 한가운데에서도 숨은 보물찾기처럼 소소
하지만 빛나는 깨달음을 준다. 어린아이의 발걸음에서 가볍고
순수한 마음을 볼 수 있게, 내가 가진 것에 만족하고 감사할 수
있게, 그리고 미소를 짓게 한다.

별을 관찰하는
사람처럼

명상 148일째 10분 명상 후 일기

나는 주로 앉아서 하는 좌선, 즉 '정적 명상'을 한다. 어릴 적부터 뛰어노는 것보다 책을 읽거나 그림을 그리는 걸 좋아했고, 다행히 오래 앉아 있는 것에 크게 불편함이 없는 편이다. 하지만 요즘은 '동적 명상(움직임 명상)'의 필요성을 느끼고 있다. 일상에서 나를 바로 알아차리는 데는 단지 가만히 있을 때 (즉, 정적인 순간에) 호흡을 보는 것 외에도 모든 나의 움직임, 받아들인 모든 감각과 인상, 떠오른 생각을 인지하는 노력이 필요하다. 그리고 이 훈련을 도울 수 있는 것이 움직임 명상이라는 생각이 들었다.

잘 들여다보면 별일 없이 그저 흘러가는 것 같은 하루 중에도 알아차림을 할 기회가 무수히 많다는 것을 느낀다. 예를 들어 주문한 음료가 잘못 나왔을 때, 줄을 서 있는데 새치기를 당했을 때, 모진 말을 들었을 때, 맡은 일이 수월하게 진행되지 않았을 때 등. 외부로부터 어떤 상황이 닥쳤을 때 순간적으로 불쾌함이나 억울함, 분노, 원망, 실망, 조바심 등을 느낄 수 있다. 이때 내 안에 떠오른 감정들을 포착하는 훈련을 한다. 마음은 도드라지는 것에 뛰어들어 몰입하는 경향이 있으므로 객관적인 알아차림이 어려울 수 있다. 그러나 반대로 그렇게 유성처럼 반짝이는 감정이나 감각이 있기에 나는 별을 관찰하는 사람처럼 이 훈련을 할 수 있는 것이다. 마음을 몇 번 놓쳤어도 괜찮다. 포기하지 않고 다시 숨을 볼 수 있다면, 그 어떠한 물리적인 움직임과 심리적인 동요 속에서도 평온한 균형을 찾을 수 있을 것이다.

명상의 기본,
호흡 명상

들숨·날숨 알아차림(아나빠나 사띠, Anapana Sati)

가장 기본적이고 중요한 명상은 역시 '호흡 명상'이며, 앞서 프롤로그에서도 언급했듯이 이 책이 나오기까지 제가 했던 '명상'은 대부분 호흡 명상입니다. 호흡 명상이란 구체적으로 '들숨·날숨 알아차림'이라고 할 수 있습니다. 수천 년 전부터 전해내려온 오랜 명상법으로서 《아나빠나 사띠 수타(Anapana Sati Sutta, 출입식념경)》라는 경전에 기반합니다. '수타(sutta)'는 경전, '아나빠나(anapana)'는 들숨·날숨, 그리고 '사띠(sati)'는 알아차림, 마음챙김 등으로 번역할 수 있습니다. 말 그대로 나의 들숨과 날숨을 그대로 알아차리는 방법이며 부처님이 깨달음을 얻을 때 행하신 방식이기에 '붓다의 호흡법'이라고도 불립니다. 집중 명상과 통찰 명상 모두 들숨·날숨 알아차림을 바탕으로 이루어집니다. 아주 간단히 설명하자면, 집중 명상을 통해 집중력과 평온함을, 통찰 명상을 하며 통찰력과 일상에서 깨어 있는 감각을 얻을 수 있습니다.

집중 명상(사마타, Samatha)

집중 명상은 한 가지 대상에 깊이 집중하여 지극히 고요한 마음 상태(삼매)에 이르는 명상법입니다. 사마타에서 '삼(sam)'은 고요함, 평정, 평온*을 뜻합니다. 집중 명상의 가장 대표적인 대상은 바로 '코끝 호흡'입니다. 즉, 들숨·날숨을 하면서 코끝에서 문지기가 된 것처럼 나의 숨에 온전히 '집중'하는 거예요. 마치 돋보기로 태양빛을 한 점에 모으듯 집중력을 끌어올리는 방식이라고 생각합니다. 방법은 매우 간단해 보이지만 직접 해보면 여러 가지 생각이 일어날 수도 있고 잠이 오기도 하고 생각보다 쉽지 않습니다. 예전에 집중 명상 수행에서 사마타 명상을 지도해주셨던 스님께서 이렇게 말씀하셨습니다. "아무런 이익이 없는 거친 생각들, 일상에서 늘 하는 생각들을 흘려보내고 오직 숨에 알아차림하리라 마음먹어보라"고요. 코끝에서 나의 들숨·날숨을 관찰해봅니다. 지금 이 순간 나를 살아있게 하는 가장 중요한 호흡에 온전히 집중해봅니다.

저는 명상을 지도하면 꼭 소감 나누기 시간을 갖는데요. 같은 공간에서 함께 명상을 해도 서로 체험하는 바가 조금씩 달라

*《도표로 읽는 명상 입문》, 혜명 김말환 저, 민족사, 2023

서 시야를 넓히고 새로운 깨달음을 얻는 데 도움이 됩니다. 다음은 집중 명상 수업 후 기억에 남았던 주요 소감입니다.

"사람들 앞에 서는 일을 하며 공황 장애가 생겨서 이런저런 방법을 동원해봐도 별 차도가 없었는데, 호흡 명상을 하면서 극도의 긴장 증세가 완화되었습니다."

"명상을 계속하다 보니 몸의 불편감은 많이 완화되었고, 복잡한 머릿속이 완전히는 아니지만 조금은 정리되는 것 같아요."

"자율신경계에 문제가 생겨 일을 쉬게 되었는데, 약으로도 해결이 어려웠던 조절이 호흡 명상에 꾸준히 참여하며 나아지고 있습니다. 명상하면서 호흡이 깊어지면 심박수가 수면 상태일 때보다 더 낮아지는 걸 수치로 확인하게 되어서 신기했어요."

꾸준한 수련으로 정말로 집중할 수 있게 되면 차원이 다른 정제된 평온함이 선물처럼 찾아옵니다. 마치 노이즈 캔슬링 이어폰을 낀 것처럼 다른 모든 감각, 생각, 감정이 고요해지고 내가 집중하고자 하는 대상만 마음의 뷰파인더에 들어옵니다. '내면의 시장통'을 벗어난 느낌입니다. 집중 명상으로 인한 효과는 집중력 향상 이외에도 심박수 안정✢, 스트레스 완화, 부교감신경 활성화 등이 있습니다.

✢《명상하는 뇌(Altered Traits)》, 대니얼 골먼·리처드 데이비드슨 저, 김영사, 2022

통찰 명상(위빠사나, Vipassanā)

통찰 명상 혹은 관법수행에서는 숨을 깊이 들이마시고 내쉬는 복부(복식) 호흡을 주로 하면서, 횡격막의 움직임에 의한 복부의 일어남과 들어감(팽창과 수축)을 관찰합니다. '나누어서', '떨어져서'라는 뜻의 '위(vi)'와 '보다', '지켜보다'라는 뜻의 '빠사나(passana)'**가 합성된 이름으로, 즉 '거리를 두고 지켜보는 것'으로 해석할 수 있습니다. 앞서 나온 집중 명상이 오직 한 가지 대상에만 머무른다면 통찰 명상은 조금 다릅니다. 복부 관찰을 하면서 호흡이 몸에 들어와서 나가기까지의 과정을 알아차리고(사띠, sati) 또한 몸과 마음에서 실시간으로 느껴지는 모든 생각, 감정, 감각 등을 관찰하며 그 무상함 혹은 변화무쌍함을 통찰하는 것입니다.***

복부의 움직임을 관찰하며 호흡의 모든 과정을 느껴봅니다. 숨이 코로 들어와서 폐와 심장을 지나 머리로, 온몸으로, 피와 산소를 전달하는 것을 느껴봅니다. 이때 배에 힘을 줄 것이 아니

** 《도표로 읽는 명상 입문》, 혜명 김말환 저, 민족사, 2023

*** 참고로 위빠사나 수행의 대상은 더 구체적으로는 '신수심법', 즉 '몸, 느낌, 마음, 존재의 실상·심리현상·마음이 취하는 대상'이라고 위빠사나 수행의 지침서인 《대념처경》에 명시되어 있으며(《네 가지 마음 챙기는 공부》, 각묵스님 저, 초기불전연구원, 2004), 이 중에 호흡은 '몸'에 해당합니다. 저는 위빠사나 수행의 대상(신수심법)이 '크고 거칠고 알아차리기 쉬운 대상'에서부터 '점점 더 미세하거나 알아차리기 어려운 대상'으로 좁혀 들어간다고 느꼈습니다.

라, 오히려 힘을 툭 풀고 그저 숨으로 폐를 가득 채우고 또 비우는 것에 집중해봅니다. 호흡의 주동근(주로 움직이는 근육)인 횡격막의 움직임에 의해 배의 움직임이 저절로 일어나게 됩니다.

예를 들어 다리가 저리거나 아니면 어제의 일이 떠오른다든가, 이따가 뭘 먹을지 고민하는 등 지금 이 순간 몸과 마음에서 두드러지는 요소를 하나하나 알아차려봅니다. 이때 중요한 포인트는 각각의 감각이나 생각, 감정에 빠져들지 않고 즉시 '아, 내가 지금 이러이러한 생각을 하고 있구나. 아, 지금 다리가 저리구나' 하고 인지하는 것입니다.

다음은 통찰 명상 수업 지도 후에 나온 참여자들의 소감입니다.

"코끝 호흡 명상을 할 때는 여러 가지 생각이 일어났는데, 배에 손을 얹고 복부 관찰 명상을 하니 좀 더 집중이 잘 되었습니다."

"명상으로 태교를 하며 많은 도움을 받았습니다. 특히 복부 호흡을 잘 배운 덕분에 별 통증 없이 딱 두 번 힘줬더니 순산할 수 있었습니다."

"복부를 관찰하자 평소보다 깊게 숨을 들이마시고 내쉬게 되면서 몸 안에 공간이 확장되는 듯한 느낌을 받았고, 배가 따뜻해졌습니다."

통찰 명상은 관제탑 업무와 비슷한 것 같습니다. 뜨고 내리는 전 비행기들을 컨트롤 타워에서 실시간으로 보는 것처럼 나에게 일어나고 사라지는 모든 생각과 감각을 보며 명료하게 깨어 있는 것입니다. 통찰 명상으로 얻을 수 있는 대표적인 효과는 통찰력 향상을 포함하여 인지 능력과 기억력 향상[***]이 있습니다.

여기서 잠깐! 갑자기 낯선 용어와 개념 설명이 나오니까 복잡하게 느껴지시나요? 그렇다고 벌써 책을 덮지는 마세요. 제가 이 책을 통해 말씀드리고자 하는 것은 단순한 명상의 분류나 개념 소개가 아니니까요. 그것보다는 실제로 1,000일이 넘게 매일 명상하면서 나와 내가 세상을 보는 방식이 어떻게 변했는지에 관한 실질적인 체험 이야기입니다.

그러니까 위의 설명은 다 잊으셔도 좋습니다. 다만 한 가지만 기억해주세요. 명상의 기본은 호흡 명상이고, 방법은 그냥 나의 들숨·날숨을 지켜보는 것입니다. "참 쉽죠?(feat. 밥 로스 아저씨)"

[***] 《명상하는 뇌(Altered Traits)》, 대니얼 골먼·리처드 데이비드슨 저, 김영사, 2022

생각
바라보기

.2.

명상 중 자화상

생각이 많으면 많은 대로,
지금의 나를 그대로 바라봅니다.

"생각이 너무 많아요."
생각이 많은 건 지극히 정상입니다. 우리의 뇌는 공백을 허용하지 않거든요. 정확히는 우리가 집중하고 있지 않을 때도 뇌는 무언가 집중해서 생각할 거리를 필요로 하므로 여러 가지 생각, 주로 근심 걱정을 불러오게끔 되어 있습니다. 그것이 뇌의 디폴트 모드 네트워크(default mode network)입니다.

가상의 세계로부터
깨어나듯이

명상을 하려고 앉아서 눈을 감아 보면 단순히 생각하는 것만으로 얼마나 혼자 잘 놀 수 있는지 실감하게 된다. 의도적으로 움직이거나 뭘 보거나 말하거나 먹거나 듣지 않음으로써 감각으로 받아들이는 주요 정보들을 차단하자마자 이때다 싶어서 생각들이 우르르 몰려올 것이다.

그러면 내 마음은 화려한 네온사인으로 가득한 번화가에 등장한 유일한 손님처럼, 이리저리 홀린 듯 생각의 전광판이 이끄는 대로 들어가게 된다. 내가 지금 어디로 가려고 했는지는 까맣게 잊은 채 한바탕 온갖 생각들에 빠져 헤맨다. 그러다 '아차' 하며 코끝 숨으로 돌아온다.

그렇게 호흡 명상을 통해 의식을 코끝에 정확히 매어 정처 없이 떠도는 마음을 지금 여기로 불러오는 것이다. 영화 〈매트릭스〉에서 주인공이 진실의 빨간약을 택해 AI가 만든 가상의 세계로부터 깨어나듯이, 오랜 꿈에서 깨어난다.

약속이 파투 났지만
그래도 즐거운 하루

명상 1,073일째 30분 명상 후 일기

오늘 계획된 약속이 몇 시간 전에 취소되었다. 그러나 즉흥형이자 내향형의 장점 중 하나는 바로 이럴 때 은근히 기쁘다(?)는 것이다. 물론 조금 아쉽지만 다른 날을 기약하면 되니까. 오늘 나에게 주어진 이 선물 같은 하루, 나 자신과 데이트를 하기로 했다.

우선 식량을 구하러 간다. 평소에는 바빠서 잘 가지 못했던 다소 먼 곳에 있는 빵집에 산책 삼아 걸어간다. 올리브와 치즈가 들어 있는 빵을 비롯해서 좋아하는 빵을 몇 개 산다. 돌아오는 길, 장바구니에서 은은히 풍겨오는 고소한 냄새에 작은 기쁨을 느낀다. 어릴 때는 혼자서 대충 먹는 경우가 많았는데 회사를 그만두고 프리랜서와 자영업자가 되고부터는 달라졌다. 내가 나를 챙기지 않으면 아무도 대신 챙겨줄 수 없다. 혼자 서기 위해서는 무엇보다 건강해야 하고 건강의 첫걸음은 역시 잘 먹는 것이 아닐까.

정성껏 채소와 과일을 씻고, 그릭요거트와 견과류를 꺼내고, 접시에 빵을 담는다. 데운 두유를 넣은 커피를 곁들이면 모든 의식… 아니, 준비가 끝난다. 알록달록 곱게 차린 음식을 천천히 맛있게 먹는다. 모처럼의 여유에 감사하며, 골고루 먹을 수 있음에 감사하면서 하나하나 꼭꼭 씹어 먹으면 식사는 곧 먹기 명상이 된다.

식사를 마친 후 글 쓸 도구를 챙겨서 (요즘 명상 책을 쓰고 있기에) 집을 나선다. 오늘만큼은 서두를 필요도, 고민할 일도 없다. 며칠 전 비가 내려 쾌청한 하늘과 공기를 만끽하며 한참을 걷다가 어느 적당한 벤치에 앉는다. 문득 명상이 하고 싶어졌다. 마침 주변이 너무 소란하지도 너무 휑하지도 않아서 눈을 감고 명상한다.

'아, 이것은 모두 오늘의 약속이 취소된 덕분이다.'

그런 생각이 들었다. 물론 반가운 사람과 만나는 것도 좋지만 때로는 이렇게 나를 만나는 일이 더 필요한 건지도 모른다. 태엽을 잔뜩 감았다가 풀면 맹목적으로 앞으로 나아가다 넘어지는 인형처럼, 일상에 치여서 나를 제대로 돌보지 못하는 순간이 많았음을 오늘의 갑작스러운 여유로 인해 역으로 깨달았다. 명상한 지 20분 정도 지났을까, 딱딱한 벤치였지만 구름 방석을 깔고 앉은 듯이 몸이 가벼워졌다. 사람들 소리, 물소리, 바람의 감촉 등 주변의 자극은 그대로였지만 뭐랄까, 회전 중이던 선풍기 머리를 딱 고정한 것처럼, 내가 지금 여기에 있음을, 나의 호흡을 명료하게 인지할 수 있었다. 마음이 방황하지 않고 집중하는 순간에 행복과 평온이 햇살처럼 스며든다. 이렇게 꽤 괜찮은 하루가 흘러가고 있음에 감사하며, 오늘도 명상한다.

클래식 음악과
명상

클래식 음악을 좋아해서 자주 듣는데, 특히 피아노 연주곡을 많이 듣는다. 고등학교와 대학교 미국 교환학생 시절, 그리고 프랑스에서의 인턴 시절에 늘 피아노를 치며 힐링했다. 사실 나는 악보를 잘 볼 줄 모른다. 학교에 들어가기도 전 조금 배우긴 했는데 오래 익히지 못해 다 잊어버렸다. 그럼에도 불구하고 피아노를, 특히 베토벤의 곡들을 너무 좋아해서 어설프게나마 음표를 하나하나 짚어가며 몇 곡을 외워서 치곤 했는데, 그 시간들이 나를 포기하지 않고 버티게 한 일종의 셀프 음악 치유였던 것 같다.

이토록 겁이 많고 걱정도 많고 엄청나게 내성적인 내가 홀로 외국에서 적응하며 견딜 수 있었던 배경에는 문학에 대한 사랑(책을 많이 읽었다), 엄마에게 배웠던 요가, 그리고 클래식 음악이 있었다. 지금도 글을 쓰며 피아노 곡을 듣는 중인데, 새삼 이 곡들을 연주한 사람들에 대한 깊은 존경심과 감사한 마음이 샘솟는 것을 느낀다. 같은 작품이라도 연주자의 해석에 따라 전혀 다른 곡이 되는 것이 클래식의 매력 중 하나인데, 바로 이런 점 때문에 나도 모르게 그들의 연주를 평가하고 있다는 걸 알았다. 평가와 판단은 일상에서 늘 일어나는 일이지만, 이렇게 '내가 지금 평가하고 있음'을 알아차리는 일은 의외로 쉽지 않다. 누적된 명상의 영향 덕분으로 은연 중에 누군가를 평가하고 있음을 인지하게 되었고 곧 이런 생각이 들었다. 그들 모두 삶에서 수많은 시간을 피아노 앞에서 보내고, 헤아릴 수 없는 많은 고뇌와 연구, 연주를 하며 음악적 성찰을 했을 것이다. 이 물 흐르듯 자연스럽고 수려한 연주를 위해, 이 한 곡을 완성하기까지 바쳤을 모든 숨과 땀과 시간을 가늠해볼 때, 나는 이 연주자들을 도저히 평가할 수가 없다는 걸 깨달았다. 그보다는 그들의 연주를, 각각의 이야기와 세계를 그대로 받아들였다. 어떤 연주자는 이 곡을 조금 더 느리게, 아쉬워서 떼지 못하는 발걸음처럼 애틋하게. 또 어떤 이는 같은 곡을 한여름 밤 달빛 아래 우아하게 춤추듯 조금 리드미컬하게. 또 다른 사람은 이 곡을 안개 속 희미한 나무처럼 좀 더 고요하게, 철학적 여운을 남기듯이.

다르게 표현할 뿐 누가 이래서 더 낫다, 더 모자란다고 할 수 없다는 걸 느꼈다.

그러면서 조금은 알 것 같았다. 유명한 성철 스님의 말처럼 '산은 산이고 물은 물'임을 보는 방법을, 그 감각을 느끼고 있다.

명상 수업에서 자주 듣는 질문들

코끝 호흡이 너무 빠르게 느껴져요

들숨·날숨 알아차림은 기본적으로는 나의 자연스러운 호흡을 알아차림하는 것입니다. 하지만 이때 나의 호흡이 너무 가쁘게 느껴지고 이로 인해 긴장이 유발된다면, 명상 초반에 의도적으로 호흡을 천천히 해보는 게 도움이 될 수 있습니다. 눈을 감고 마음속으로 숫자를 1~4까지 세면서 들이마시고 같은 시간 동안 내쉬어봅니다. 이것이 익숙해지면 내쉬는 숨을 조금 더 길게, 1~6까지 세면서 내쉬어봅니다. 또는 '박스 호흡법'이나 '나디 쇼다나 호흡법'을 추천(128쪽 명상 길잡이 내용 참조)합니다. 단, 이런 호흡법들은 이완에 도움을 줄 수 있지만 호흡을 통제하는 방식이기 때문에 너무 오래하면 오히려 긴장이 되고 몸에 무리가 될 수 있으므로 3~5분 정도만 하는 게 좋습니다.

호불호의 무거움에
관하여

오늘은 모처럼 비가 내려 몇 주 동안 계속되던 폭염이 한풀 꺾였다. 요즘 여름에 내리는 비는 무자비한 집중호우일 때가 많아 비 소식이 달갑지만은 않지만 그래도 이번엔 꼭 필요한 때에 내린 비여서 반가웠다. 저녁에 선선한 바람이 불어오고 낮에 바깥을 걸어도 땀이 폭포처럼 흐르지 않는 게 얼마 만인지. 한편 사람의 기분과 컨디션이 꽤나 날씨에 따라 좌지우지될 수 있다는 게 느껴진다. 일기를 돌아보니, 기온이 33도가 넘어가고 습도마저 높았던 날들에는 기본적으로 지치고 쉽게 자극받는 상태였다가 몇 가지 계기로 다시 마음이 넓어지고 부드러워지는 경험이 많았음을 알게 되었다. 얼마 전 명상 수업 후 소감을 나누다가 날씨가 주제로 떠올랐는데, 이때 한 분의 말씀이 기억에 남았다.

"비가 오면 비 오는 날의 그 분위기가 좋아요. 해가 나온 날은 또 햇살이 있어서 기분이 좋고요."

맑은 날이 더 좋다든가, 흐린 날이 더 좋다든가 고르고 나누지 않고 A는 A대로 좋고, B는 B라서 좋다는 이 말이 잔잔한 울림을 주었다. 분별이 없는 마음, 긍정적인 태도로 살아간다면 이 세상은 비가 오나 눈이 오나 아름답고 그 자체로 괜찮지 않을까. 살아가며 쌓이는 호불호는 선택의 시간을 단축하는 등 도움이 될 때도 있지만 지나치면 내 앞에 있는 것을 있는 그대로 보지 못하고 놓치거나, 삶을 피로하게 하는 원인이 되기도 한다. 어쩌면 오래 마음을 닦은 수행자들, 성인군자들이 늘 자애로운 미소를 띠고 거리낌 없이 사람을 대하는 것은 무거운 분별을, 호불호를 놓아버렸기 때문이 아닐까? 좋은 의미로 가벼운, 가뿐한 사람이 될 수 있다면.

분별이 없는 마음,

긍정적인 태도로 살아간다면

이 세상은

비가 오나 눈이 오나

아름답고 그 자체로 괜찮지 않을까.

명상은 일상이지만
비일상이다

새벽 한 시 반이 훌쩍 넘은 시각이다.

그러나 이것은 당장 잠드는 것보다, 비 오는 날 신을 장화를 주문하는 일보다, 내일 할 일을 떠올리는 것보다 더 중요한 일인지 모른다. 어쩌면 지금 당장 하는 이 명상은 세상 그 어떤 일보다도 가장 중요한, 우선순위에 놓인 일인지 모른다. 길지 않을지라도 깊지 않을지라도 이것은 그렇게 소중한 시간이고 고귀한 시간이다.

왜냐하면 이 명상은 파도를 거스르는 일이기 때문이다. 만일 내가 여기서 명상을 그만두고 발목까지 오는 장화를 검색하거나 내일 낮에 어딜 갈지 생각해보거나 그냥 눈 비비고 잠든다면 그것은 촘촘히 이어진 일상을 타고 '흘러가는' 일이다. 그건 어렵지 않다.

하지만 그 모두를 신경 쓰지 않고 다만 여기 앉아 코끝의 숨을 보는 일은 그것과 다르다. 쳇바퀴에서 뛰어내리는 것처럼 용기가 필요한 일이다.

명상은 이제 나의 일상이 되었지만, 동시에 일상에서 벗어나는 일이므로 비일상이다. 그러니까 나는 매일의 일상에서 비일상을 하며 나아가고 있는 것이다. 조금씩 고요하게 그러나 과감하게 수레바퀴에서 벗어나는 것이다. 헤르만 헤세의 《데미안》에 나온 구절처럼 "알에서 깨어나기 위해 하나의 세계를 부순다." 일상이라는 이름의 세계를.

명상은
1인칭

우리 요가명상센터에는 점심 명상 수업이 있다. 평일에 가능한 명상 수업에 관한 문의가 계속 있어서 요가 수업 몇 개를 명상 수업으로 변경하게 되었는데, 수강생이 많지는 않아도 명상을 정말로 필요로 했던 분들이 꾸준히 오신다. 이 수업은 수강생을 위한 것이지만 한편 나 자신을 위한 시간이기도 하다. 동국대 명상 지도자 실습 강의와 우리 센터 토요 명상을 비롯해서 휴일이 거의 없는 나의 일상에 이 점심 명상 수업은 그야말로 오아시스와 같다.

명상은 마음에서 일어나는 일이며, 보다 정확히는 마음과 몸에서 일어나는 모든 변화를 실시간으로 관찰하는 작업이다.

그러므로 명상 수업에 참여해 보면 눈을 감고 바르게 앉아 명상하도록 안내하는 멘트들이 있긴 하지만 직접 그 순간을 체험하는 일은 온전히 '나'의 몫이다. 여기서 '나'는 각자 자기 자신을 뜻하며, 즉 명상은 '1인칭'이다. 그래서일까. 모두가 같은 종류의 명상(예를 들면 코끝 호흡 관찰 명상, 복부 관찰 명상, 걷기 명상, 듣기 명상 등)을 같은 공간에 둘러앉아 하더라도 마치고 나서 소감을 나누어 보면 각기 다른 경험을 했다는 것을 알 수 있다. 또 동일한 사람이 같은 명상을 다른 날에 하더라도, 매시간 같은 체험을 하는 것도 아니다. 더 집중이 잘 되는 날도 있고, 생각이 많이 떠오르거나 몸이 뻐근한 날도 있고, 영 졸음이 오는 날도 있다. 물론 명상해온 시간, 숙련도, 성향 등에 따라 달라서일 수도 있지만, 그보다 본질적으로는 매 순간 우리가 달라지기 때문이다. 지금 이 순간에 들숨·날숨을 비롯한 몇 가지 내부적·환경적 조건이 맞아서 여기에 '일시적으로' 존재한다. 예전에 요가 해부학 전문 과정을 공부하며 흥미로웠던 부분이 있는데, 우리의 몸이 기본적으로 무수한 '결합 조직'으로 이루어져 있다는 점이다. 즉, 위장 속 빈 공간 등 일부를 제외하곤 한 가지 이상의 요소들이 '특정 조건 하에' 모여서 구성되었다는 의미이다. 이는 해부학적 용어일 뿐이지만 한편 존재의 '완전하지 않고 견고하지 않은', 무상한 본질을 나타내는 것이라고 나는 느꼈다.

이처럼 다채로운 명상 소감 나누기 시간을 통해서, 그리고 매번 다른 나의 명상 체험을 통해서 변하지 않고 고정된 나와 너는 없다는 걸 느끼고 있다. 어쩌면 명상이란 '나는 이런 사람이고 너는 그런 사람'이라는 편견에 가려진 '지금 이 순간' 우리 자신의 존재를 진정으로 목격하는 가장 직접적인 방법이 아닐까? 게임으로 치면 화면 속에 갇힌 캐릭터 시점에서 벗어나 화면 밖에서 객관적으로 나를 지켜보는 것이 아닐까. 모두에게 다른 경험을 주는 명상이지만 모두가 바라는 바는 아마 크게 다르지 않을 것이다. 그것은 불안의 종식이며 나를 휘두르는 감정으로부터의 자유, 고통에서의 해방이다.

모든 순간이
유일무이함을

여느 때처럼 지금 내가 느끼는 불안과 불만족, 근심, 걱정을 일기에 담으려고 펜을 들었다. 그러나 잠시 올려다본 하늘이, 건물과 담벼락 틈으로 고개를 사선으로 꺾어 올려다봐야 하는 먼 하늘이 어느새 개었는지 너무 파래서 그러지 않아도 될 것 같다. 바람이 꽤 불고 있어서 구름이 눈에 보이는 속도로 떼지어 흐르는 하늘은 그 너머 투명한 파란색을 품은 채 퍽 바빠 보인다. 이 면적 대비 인구수가 지나치게 많은 조그마한 도시에 사는 나처럼, 우리처럼. 오늘은 3월 중순이 지났음에도 불구하고 밤사이 큰 눈이 내린 희한한 날이었다. 급하게 출근하느라 나뭇가지마다 어이없을 정도로 도톰하게 쌓여 있던 눈꽃을 사진으로 담지 못하고 그냥 지나쳤다. 센터에 도착하자 기온이 영상으로 올라서인지 아니면 3월의 정령(?)이 이건 아니다 알아차린 것인지 하여튼 눈이 거의 녹아서 눈꽃은 흔적이 없었다.

역시 모든 것은 변하는구나. 모든 것이 찰나이다. 아니, 그보다는 '모든 순간이 유일무이하다'는 것을 다시 한 번 이 어처구니없는 봄의 대설과 흔적 없음으로 깨닫게 되었다. 나는 지금 바쁘다는 이유로, 내 MBTI와 자영업자라는 직업 사이 괴리에 묶여서, 도달하고 싶은 목표와 그렇지 못한 현실에만 너무 초점을 맞추고 다시는 오지 않을 지금 이 순간을 놓치고 있는 것은 아닐까? 단 한 명이라도, 단 한 가지의 일이라도 온 마음으로, 그 순간에 다른 아무것도 섞지 않고 마주한다면 불행은 없을 것이다. 마음이 '지금 여기'를 떠나는 순간 불행의 구름은 몰려오는 것이다. 그러나 그 구름 또한 지나간다. 눈을 하염없이 뿌리다가 햇빛 사이로 물러나는 저 구름떼처럼. 해는 늘 거기에 있었다.

마음이 '지금 여기'를 떠나는 순간

불행의 구름은 몰려오는 것이다.

그러나 그 구름 또한 지나간다.

눈을 하염없이 뿌리다가

햇빛 사이로 물러나는 저 구름떼처럼.

해는 늘 거기에 있었다.

생각을 버려야 한다는
생각을 버리기

그야말로 다양한 상념이 떠올랐다. 최근에 본 영상들부터 과거에 영어로 읽은 뉴스까지. 그중에는 끔찍한 일도 있었기에 심란했으나 다행히 숨을 들여다보면 다시 사라졌다.

그런데 그다음에 맞닥뜨린 문제는 더욱 심각한 것이었다. 바로 내가 명상 중에 머릿속으로 명상에 대한 일기를 쓰고 있다는 것이었다. 명상하면서 동시에 머릿속으로 글을 쓰기란 불가능하다. 그러니까 호흡에 집중하지 않았던 것이다. 그리고 그 모든 것이 내가 '명상하고 있다'고 생각하는 것에서 비롯된 것임을 알았다. '내가 명상하고 있다는 생각을 버려야 한다.'고 떠올렸으나 도움이 되지 않았다. 오히려 더 질긴 덫에 사로잡힌 느낌이었다. '어떠어떠한 생각을 버려야 한다는 생각을 놓아야 한다.'는 것도 마찬가지였다. 생각을 버려야 하네 마네 하는 동안 한쪽 어깨가 조금 뻐근해지기 시작했다. 그건 이 명상이 순조롭지 않다는 방증이었다. 나는 너무 많은 생각과 그 생각을 버리자는 '언어적' 그리고 '개념적' 사고에 잠식당하는 중이었고, 이제 정신을 넘어 몸에 영향이 미치려 하고 있었다. 맨살에 따끔따끔한 스웨터를 입은 것처럼 성가셨다. 이내 '아, 지금 내가 이런 상태구나.' 하고 자각했다.

그리고 아주 간단한 해결법에 도달했다. 그냥 숨을 쉬었다. 무거운 겉옷을 툭 벗어놓은 것처럼 가벼웠다. 내가 최근에 또는 예전에 보고 들었던 것들도, 내가 미래에 볼 것들도 지금 여기엔 없다. 켜켜이 쌓아온 과거와 과거의 모음도, 미래의 나도 지금 여기엔 없다.

굉장한 부피로 느껴졌던 나의 모든 생각, 내가 겪어온 일들, 내가 만났던 사람들, 의심, 의견, 욕심, 불만족, 화, 슬픔도 그것들의 집합도 지금 여기엔 없다.

나는 오로지 들숨과 날숨으로, 숨을 쉬는 바로 이 순간에만 세상과 만나고 있는 것이다. 이 순간에 이걸 알아차린 주체, 훤히 보는 존재는 무엇인가. 생각과 감정의 구름을 흩어내고 모든 것을 그대로 드러나게 하는 이것은 무엇일까.*

복부 호흡이 어렵게 느껴져요

복부 호흡을 하기 위해선 무엇보다도 배에 긴장을 푸는 것이 중요합니다. 무의식적으로 힘을 주고 있진 않은지 살펴보세요. 누워서 호흡을 해보는 것도 도움이 됩니다. 바르게 앉거나 등을 대고 누워서 오른손을 배에 얹고 먼저 복부에 긴장을 풀어봅니다. 그리고 폐를 가득 채운다는 느낌으로 코로 숨을 깊이 들이마시면 횡격막이 내려가며 배가 저절로 밀려 나오게 됩니다. 그다음 코로 천천히 숨을 내쉬면 횡격막이 올라가며 다시 배가 원래 위치로 수축됩니다. 즉 배를 억지로 움직이는 것이 아니고 배에는 오히려 힘을 푼 채 폐를 가득 채우고 비우는 것에 집중하면, 호흡 주동근(주로 움직이는 근육)인 횡격막의 움직임에 의해서 뱃속 장기들이 밀려나오고 다시 원위치 되며 복부의 움직임이 저절로 일어나게 됩니다. 복부 호흡이 어려울 때에는 계속해서 배를 편안하게 하면서 그냥 천천히 들숨·날숨을 내쉬어보세요.

✦ 우리나라의 대표적인 선지식(지혜와 덕망이 있는 큰 스님)이셨던 '성철 스님(1912-1993)'의 대표적인 화두 '이뭐꼬'와 비슷한 의미. 이뭐꼬는 '이것은 무엇인고(Who/what am I)?'라고 풀어볼 수 있으며, 보이는 것 이면의 진정한 나 자신을 찾고자 스스로에게 끊임없이 던지는 존재론적 질문이다. 참고로 '화두'는 '불교에서 참선 수행을 위한 실마리를 이르는 말(표준국어대사전)'을 뜻한다.

명상과
폰 저장 공간

그러니까 명상은 폰 저장 공간을 확보하는 일과 비슷하게 느껴진다. 또는 컴퓨터 하드 디스크 용량 정리와 같다. 더 이상 필요 없는 임시 파일 같은 찌꺼기들을 비워내는 작업이다. 어찌 보면 뇌도 일종의 데이터 저장 및 처리 장치에 가까운데 관리는 하지 않고 무작정 저장만 하려고 했던 것 같다. 명상하며 머리가 맑아지고 가뿐해지는 이유는 아마도 명상이 그 잊고 있던 '디스크 조각 모음'을 해주기 때문 아닐까 한다. 시간은 걸릴 수 있겠지만 분명 정리가 되고 있다는 걸 느낀다.

예를 들어 무심결에 누가 던진 말이나 행동에 온갖 의미 부여를 하는 일이 줄어든다. 괜한 에너지 소모를 하지 않게 된다. 그 약속을 잡을지 말지, 연락을 먼저 해도 좋을지 어떨지, 그 제안을 받아도 되는지 아닌지, 그 일을 계속할지 말지, 저녁 메뉴를 뭘로 할지, 내일 옷을 뭘 입을지까지 고민하는 시간이 조금씩 줄어든다.

명상하는 데는 시간이 필요하지만 희한하게도 명상 이외의 모든 일상에서 명상한 시간 이상의 효율을 낸다. 맑아지고 간결해진 의식과 물기를 머금고 조금은 순해진 눈빛으로 세상을 보게 한다. 신기한 일이다.

명상이 어렵다는
편견

오늘《요가의 언어》가 책으로 세상에 나올 수 있도록 도움을 준 편집자 님과 오랜만에 근황 이야기를 나누었다. 나는 요즘 매일 명상을 하며 일기를 쓰고 있고 곧 인터넷에 연재할 계획이라고 밝혔다. 신기하게도 그분도 최근에 명상 관련 책을 편집했다고 했다. 명상에 관심이 있어 온라인 클래스도 들어보았는데 어려웠다는 얘기도 함께. 그래서 나는 이렇게 말했다.

"맞아요~ '명상은 어렵다'는 생각에 진입 장벽이 있는 것 같아요. 제가 그걸 한번 부숴보려고 합니다. 하루 5분 명상으로도 작은 물방울이 모여 바위를 뚫듯이 변화가 일어난다는 걸 느꼈거든요."

그렇다. 하루에 명상을 얼마나 해야 하는지는 중요하지 않다. 단 5분이라도, 아니 그냥 원하는 시간만큼 코끝 숨에 집중할 수 있다면 그걸로 된다. 그 밀도 있는 순간은 물방울이 되어 바위를 부술 것이다. 시간이 얼마나 걸리든 하루하루 잊지 않고 숨을 들여다볼 수만 있다면, 오랫동안 한 방울씩 정성스럽게 추출한 진한 콜드브루처럼 마음은 향기를 품을 것이다.

그러니까 오늘의 짧은 명상은 나비의 날갯짓과 같다. 그리고 존재를 송두리째 흔들어 어둠에서 깨어나게 하는 거대한 바람이다.

견고하되 자유롭고
구름처럼 부드럽다

어제는 7분, 오늘은 10분 정도 명상했다. 딱히 시간을 정하지 않고 해서 얼마나 했는지는 녹화된 영상(또는 스톱워치)으로 알 수 있다. 아무래도 어제에 비해 더 천천히 일어나도 되는 일정이라서 마음에 여유가 있었나 보다. 같은 장소에서 비슷한 시각에 명상을 시작해도 명상의 내용과 집중도, 끝나는 시간이 다르다는 점이 흥미롭다.

오늘 낮에는 그동안 미뤄두었던 새로운 음악을 많이 듣고 영상을 봐서 그런지 그와 관련된 생각이나 이미지가 많이 떠올랐다. 하지만 상관없다. 숨으로 다시 돌아오면 된다. 얼마나 화려하고 복잡한 이미지가 떠오르든지 숨을 보면 그 순간 사라진다.

　겨우 10분 남짓한 명상이었지만 집중이 깊어지면 호흡이
아주 고요해지고 아무런 숨소리가 들리지 않는다. 평소 비염 증
세로 인한 거친 숨소리도, 호흡이나 심장이 뛸 때 느껴지는 몸
의 움직임도 거의 없다. 뭐라고 해야 할까… 테두리가 말랑말
랑하고 그 안에 하나하나 따로 분리할 수 없는 무수한 '파도' 같
은 것이 쉴 새 없이 흐르는 느낌이 든다. 앉은자리는 견고하되
자유롭고 구름처럼 부드럽다.

하지만 상관없다.

숨으로 다시 돌아오면 된다.

얼마나 화려하고

복잡한 이미지가 떠오르든지

숨을 보면 그 순간 사라진다.

바이올린 활이
현을 스칠 때

명상 100일째 15분 명상 후 일기

오늘은 일주일 중에 가장 바쁜 날에 속하지만, 매일 명상을 시작한 후 많은 것이 달라졌다. 이렇게 아침부터 밤까지 수업이 있는 날, 카페에 앉아 잠시 눈을 감고 명상하는 이 시간이 참 소중하다. 마치 폰을 충전하듯이 나를 충전한다. 오늘은 명상 100일째이자 수업 전에 카페에서 하는 열다섯 번째 명상이다. 같은 공간에서 명상하는 기록이 쌓이며 매번 다른 점들을 발견하게 되는 게 흥미롭다. 비슷한 여건임에도 지난번과 사소하게 달라지는 요소들을 볼 때 세상에 같은 하루는 없음을 느낀다. 보통의 일상 중에는 지금이 대체 불가능한 유일한 순간임을 알아차리기가 어렵다. 어제와 오늘이, 지난주와 이번 주가 러닝머신

위를 걷는 것처럼 반복된다고 느껴질지 모른다.

그러나 지금 마신 숨과 아까 마신 숨은 다르고, 지나간 날들과 오늘은 다르다는 걸 호흡에 집중하면서 알게 된다. 눈을 감고 내가 마시고 내쉬는 숨을 보는 순간에 일상의 다른 거친 요소들에 가려져 잘 보이지 않았던 것들이 찬찬히 보인다.

세상과 처음이자 마지막으로 만나고 있는 순간을 본다. 바이올린 활이 현을 스칠 때 오로지 소리가 울리는 것과 같은 원리로 들숨과 날숨의 결과 나는 지금 여기에 있다. 그렇게 명상으로 기억과 생각과 감정의 틈바구니 속에 잠시 실종되었던 나를 되찾아온다. 혹시 또 사라지더라도 괜찮다. 다시 불러오는 방법을 알고 있으므로.

낱개의 덩어리로 보이는 모든 생물과 사물들이 현미경으로 들여다보면 달리 보이는 것처럼, 뇌의 저편에 묻어둔 존재의 근원에 대한 실마리를 찾아서 한 걸음 더 나아갈 수 있을 것 같다.

글의 의미와
AI

수업 전 카페에서 하는 열여덟 번째 명상이다. 얼마 전에 도서관에서 분량이 500페이지가 넘는 영어 소설을 하나 빌렸다. 현재 42페이지까지 읽었는데 3주 안에 다 읽을 수 있을지 모르겠지만 최선을 다해볼 생각이다. 오늘처럼 장거리 수업이 있는 날의 거의 유일한 장점은 이동 중에 독서를 할 수 있다는 것이다. 작고 딱딱하고 매끄러운 화면에서 끊임없이 화려한 영상이 재생되는 폰 대신, 투박하고 두툼하며 아이보리색과 베이지색의 중간 정도 되는 색감의 눈에 편안하게 들어오는 종이뭉치를 손에 쥐었다. 페이지를 하나, 둘 넘기며 눈앞의 작은 화면이 아닌 머릿속에 더 생생하고 넓게 재생되는 소설 속 장면을 따라가다 보면 시간과 시간의 끝에 구멍을 내어 끈으로 당긴 것처럼 금세 내려야 하는 역에 도달한다.

텍스트로 된 글이 의미를 갖는 이유는 오직 그것이 읽는 사람의 머릿속에서 저마다 다른 모양으로 펼쳐질 수 있기 때문이다. AI가 의회 연설문을 쓰기도 하고 그림 대회에서 상을 받는 세상이 도래했어도 각자가 가진 고유한 상상의 가치는 변하지 않는다. 나는 그렇게 믿는다.

명상을 한 후 마음에 더 공간이 생긴 덕분에 오늘같이 바쁜 날에도 책을 가지고 다니며 읽을 여유가 생겼다. 당분간은 이렇게 즐거이 책 여행을 할 생각이다. 반납일이 마침 바통 터치하듯 새로 하게 될 수업과 듣게 될 강좌의 시작일과 가깝다. 맞물리듯 돌아가는 일들, 오늘도 소소하고 행복하게 할 일을 한다. 그럼, 이만 수업하러.

평생 처음 느껴보는
고요함

명상 1,004일째 15분 명상 후 일기

센터 명상 수업 후 소감 나누기 시간에 한 분이 이렇게 말씀하셨다. "평생 이렇게 다른 사람들과 함께 있으면서 10분 이상 아무 소리도 없이 고요했던 적이 없었던 것 같다"고. "물론 가끔 혼자 있을 때 고요한 순간이 있었지만 지금 이 느낌과는 다른 것 같다. 좋은 의미로 이상하다"며 미소를 지으셨다. 그러고 보니 우리는 늘 이런저런 말소리를 들으면서 살아간다. 지금 글을 쓰고 있는 이 순간에도 카페에 사람들이 삼삼오오 모여 담소를 나누는 소리가 공간을 가득 메우고 있다.

이런 일상적인 소리에 익숙해져 있다가 그 모두를 잠시 꺼두고 가만히 앉아 호흡에 집중한다는 건 생각해 보면 정말 특별한 경험임을 그분의 소감을 통해 알 수 있었다. 마치 끊임없이 광고를 재생 중인 TV나 폰을 음소거해둔 느낌이랄까. 복잡한 매장에서 소음 차단 이어폰이나 귀마개를 한 느낌이랄까.

명상이 주는 여러 즐거움 중 하나가 바로 '고요함' 그 자체인지도 모른다. 명상은 외부로 향하는 감각을 거두고 내면으로 향하는 일이다. 그리고 이 경험을 서로 다른 우리가 한 공간에 앉아 공유하고 있다는 사실이 설명하기 어려운 감동을 준다는 걸 깨달았다. 지금 이 순간 할 수 있는 수만 가지 일 중에서 이곳에 모여 나란히 함께 명상을 하게 된 모든 인연에 감사하며, 마음에 파동을 일으키는 이야기를 나누어준 것에 감사하며, 오늘도 나는 명상을 지도한다. 아니, 같이 명상을 한다.

사마타와 위빠사나,
절전 모드와 관리자 모드

내가 처음 접한 종류의 명상, 첫 집중 수행에서의 명상은 '사마타' 명상이다. '독서 삼매경'이라고 할 때 그 '삼매'는 팔리어(Pali, 주요 명상 관련 이론이 담긴 초기 불교 경전 속 언어) '사마디(samadhi)'에서 온 단어다. 사마타 명상으로 사마디, 즉 삼매에 이를 수 있으며 이는 대상과 하나가 된 듯한 온전한 집중, 그래서 모든 마음의 동요가 멈춘 듯한 상태를 뜻한다. 이 수행 방식에서 주로 활용하는 명상법은 '호흡 명상', 보다 구체적으로는 '코끝 호흡 관찰 명상'이다. 명상의 대명사라고 할 수 있는 가장 기본적이고도 중요한 명상으로 정확한 명칭은 '아나빠나 사띠(들숨·날숨 알아차림/마음챙김)'이다. 이 명상을 '기본'으로 치는 이유는 '호흡'이 명상을 처음 하려는 사람에게 가장 직관적으로, 다른 준비 없이 바로 시도할 수 있는 좋은 집중 대상이기 때문이며(단, '쉬운' 대상이라는 뜻은 아니다), 가장 '중요한' 이유는 우리가 호흡 없이 살 수 없기 때문이다. 또한 일견 단순해 보이는 코끝 호흡 관찰 명상은 우리를 더 높은 의식 수준으로, 깨달음에 이르게 하는 매개이다. 이렇게 갑자기 '명상 기초 이론' 같은 이야기를 꺼낸 이유는 이렇게 내가 상대적으로 익숙한 사마타 명상 외에 또 하나의 주요한 수행 방식인 '위빠사나' 명상을 요즘 어렴풋이 이해하기 시작한 까닭이다.

위빠사나도 물론 들숨·날숨 알아차림을 기반으로 하지만, 주로 복부의 움직임을 통해 호흡을 관찰하는 '복부 관찰 명상'을 한다. 즉 '복식 호흡'을 하며 배가 부풀어 오르고 꺼지는 것을, 뱃속 장기들의 움직임을 유기적으로 느끼면서 호흡의 모든 과정을 알아차리는 것이다. 이는 집중 대상의 '면적'을 확장하기 위함이라고 나는 느꼈다. 사마타 명상이 코끝 '한곳'에 의식을 모아 티끌 없고 동요 없는 집중과 평온의 상태에 이를 수 있는 데 반해, 위빠사나 명상이 추구하는 바는 조금 다르다. 호흡에 따른 배의 움직임을 관찰하면서 몸에서 느끼는 감각을 보고 마음에서 일어나는 감정과 생각을 본다. 배의 움직임·몸의 감각·마음의 상태가 어떻게 변화하고 있는지 실시간으로 지켜보면서 그것들이 머물렀다가 사라지고 또 일어나고 사라진다는 점에서 본질적으로 같음을 느낀다. 감각·생각·감정들이 나타나고 사라지고, 또 새로운 감각·생각·감정이 나타나고 사라지는 것을 보면서 그것들이 파도처럼 끊임없이 밀려오고 부서진다는 것을 안다. 나아가 세상 만물이, 모든 행·불행이, 그것들을 일으키는 외부의 환경이나 내면의 요소가 계속해서 변한다는 점에서 다르지 않음을 알게 된다. 그러므로 그 어떤 단단해 보이는 행복, 분노, 슬픔, 고통일지라도 실은 파도와 같이 손에 잡히지 않고 잠시 머물렀다 흘러간다는 걸 알게 되면, 그 어느 것에도 얽매이지 않게 된다.

어릴 때부터 몇 차례 어머니와 명상 집중 수행을 다녀오면서, 열아홉 살과 20대 초반에 진지하게 출가를 고려하면서, 그리고 가장 최근에는 동국대에서 명상 지도자 과정을 공부하고 실습 지도를 하면서 지식적으로 익힌 부분도 있지만 그것보다는 역시 '직접 명상을 하면서' 비로소 와닿는 것들이 있다. 그러므로 이 두 수행에 관한 고찰은 대부분 단지 나의 개인적인 명상 체험에서 느낀 바를 적은 것이므로 '이것은 이렇다'라고 가타부타 말하고 정의하기 위함이 아님을 밝힌다.

내가 해당 명상 수행법을 행하고 지도하면서 체득한 바를 컴퓨터에 비유하자면 이렇다. 사마타 명상은 '절전 모드'이고 위빠사나 명상은 '관리자 모드'이다. 사마타는 휴식, 평온, 산란한 마음의 멈춤(shut down), 깊은 집중 상태(deep focus)를 가져다

준다. 집중 상태인데 어떻게 휴식이냐고 물을 수 있겠지만 깊이 집중해본 경험이 있다면 누구나 알 수 있다. 그 자체가 쉼이 되고 힐링이 된다는 것을. 한편 위빠사나는 제어판이나 설정 메뉴처럼 모든 보이는 혹은 숨은 요소들을 알아차리는 것(awareness), 몸과 마음을 명료하게 보는 통찰(insight)을 선사한다.

갈매기가 때로는 기류를 타고 날개를 편 채 힘들이지 않고 고요히 활공하듯 '사마타'를, 때로는 온 날개를 힘껏 퍼덕이며 구름을 가르듯 '위빠사나'를 하면서 이 두 가지 명상법을 동료 삼아 함께 갈 것이다.

명상 수업에서 자주 듣는 질문들

사마타 수행과 위빠사나 수행의 차이

사마타 수행은 코끝 한곳에 의식을 모아서 제가 느끼기엔 마치 돋보기로 햇볕을 모으듯 집중력을 모으는 방식입니다. 집중이 아주 깊어지면 평온해지며 삼매에 이르는 데 도움이 됩니다. 위빠사나 수행은 보통 코끝보다는 복부 호흡을 하며 횡격막에 의한 복부의 움직임(팽창과 수축)을 관찰하는 방식입니다. 또한 명상 시에 몸과 마음에서 느껴지는 다른 모든 생각, 감각, 감정을 실시간으로 알아차림하며 그 생각, 감각, 감정들 또한 복부의 움직임처럼 나타나고 사라지는 것을 지켜봄으로써 지혜를 얻을 수 있습니다.

생각이 많을 때
도움이 되는 호흡법

①나디 쇼다나 호흡법

명상에 도움이 되는 호흡법: 나디 쇼다나

이해를 돕기 위해 우리 몸을 나무에 한번 비유해보았습니다.

나디 쇼다나의 뜻

'나디(nadi)'는 에너지의 통로, 흐름을 뜻하고 '쇼다나(shodhana)'
는 정화, 청소를 의미합니다.❖ 그중에서도 주요한 나디 세 가지
를 나무 그림으로 한번 표현해보았습니다. 요가 생리학적 관점
에서 '이다(ida)'는 우리 몸 왼쪽 코에서부터 아래로 이어져 있
고 자율신경 중 부교감신경(이완, 안정)과 연관되어 있다고 봅니
다. '핀갈라(pingala)'는 오른쪽 코에서부터 이어지며 교감신경(긴
장, 흥분)과 관련되어 있다고 합니다. 그리고 몸의 중앙으로는 척
추 부근에 흐르는 '수슘나' 나디가 알려져 있습니다. 참고로 흔
히 말하는 요가의 '차크라(chakra)'가 바로 이다, 핀갈라가 중앙
의 수슘나와 만나는 일곱 가지(여덟 가지로 보기도 함) 지점을 가
리킵니다.

나디 쇼다나의 효과

나디 쇼다나는 부교감신경과 연관된 왼쪽 코(이다)에서부터 교
감신경 관련 오른쪽 코(핀갈라)로 번갈아 숨을 쉬면서 자율신경
계를 안정화하고 호흡기를 맑게 하는 효과가 있습니다. 부교감
신경 활성화를 위해 호흡을 보통 왼쪽(이다)부터 시작합니다.

❖ 《아사나 쁘라나야마 무드라 반다(Asana Pranayam Mudra Bandha)》, 와미 싸띠아난다 사라
　스와띠 저, 한국요가출판사, 2007

다음은 수업에서 나디 쇼다나 호흡법을 지도했을 때 나온 참여자의 소감입니다.

"양쪽 코가 뚫린 듯이 시원해지고 머리가 맑아지는 느낌입니다."

"마침 출산을 앞두고 호흡법을 배우고 있는데 이 호흡법도 비슷한 부분이 있어 신기했고, 긴장이 완화되는 것 같습니다."

"아침마다 나디 쇼다나를 했더니 비염 증세가 좀 나아졌어요."

나디 쇼다나 해보기

손 모양은 그림에서 보듯 오른손 검지와 중지를 접은 상태에서 엄지로 오른쪽 코, 약지로 왼쪽 코의 콧방울(콧구멍을 덮은 살이 볼

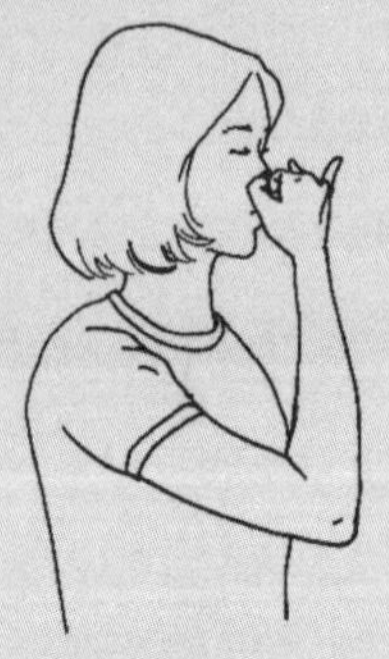

왼쪽 코로 숨을
마시거나 내쉬는 모습

오른쪽 코로 숨을
마시거나 내쉬는 모습

록하게 튀어나온 부분) 시작점을 너무 세지 않게 막았다 열었다 하면서 호흡합니다. 구체적인 방법은 이렇습니다. 단, 여기서는 왼쪽으로 숨을 내쉬는 것으로 시작하는데, 왼쪽으로 숨을 마시는 걸로 시작해도 상관없습니다.

1) 먼저 오른손 엄지로 오른쪽 코를 막고 왼쪽을 열어 내쉽니다.

2) 내쉬고 잠시 머무른 뒤(쿰바카) 왼쪽으로 숨을 마십니다.

3) 약지로 왼쪽을 막아서 양쪽을 다 막은 채 항문을 조금 당기면서 머무릅니다.

4) 엄지를 열어서 오른쪽으로 내쉽니다.

5) 잠시 머무른 뒤 오른쪽으로 숨을 마십니다.

6) 양쪽 막고 항문에 잠시 힘을 주면서 머무릅니다.

7) 약지를 열어 왼쪽으로 내쉽니다. 여기까지가 1주기 (cycle) 즉 한 번입니다.

천천히 나의 속도에 맞추어 8~10번 정도(한 세트) 한 후에 손을 내리고 충분히 자연적인 호흡을 한 뒤, 몸 상태에 따라 한 세트 정도 더 하시면 좋습니다.

쿰바카(kumbhaka)는 지식 호흡, 숨 보유, 숨 멈춤으로 주로 번역되며 저는 보통 '머무른다'고 표현합니다. 들숨 후 멈추는 안타라(antar) 쿰바카, 날숨 후 머무르는 바야 또는 바히르(bahir) 쿰바카가 있고 날숨 후 쿰바카가 더 어렵다고 알려져 있습니

다.[*],[**]

나디쇼다나 호흡 시 주의 사항

만약 중간에 잠시 머무르는(쿰바카) 순간이 답답하거나 불편하다면 길게 하지 않으셔도 좋습니다. 특히 고혈압이나 심장 질환이 있는 경우 중간 쿰바카는 생략하는 게 낫습니다.[***] 저는 쿰바카를 들숨과 날숨 사이 혹은 날숨과 다음 들숨 사이 자연스러운 공백 혹은 여백이라고 느낍니다. 억지로 오래 숨을 참는 건 긴장을 유발합니다. 또한 마시거나 내쉬는 숨도 지나치게 길게 하려고 애쓰지 않아도 됩니다. 나디 쇼다나 호흡법의 핵심은 무엇보다도 '이완'하는 것이기 때문에 너무 긴장하지 않는 게 좋습니다. 다른 모든 호흡법이 그렇듯이, 평소의 자연스러운 호흡과는 조금 다른, 호흡을 '통제하는' 방식이어서 한 번에 너무 많이, 오래 하는 것은 권장하지 않습니다. 위에 언급한 것처럼 8~10번 정도(한 세트) 혹은 컨디션에 따라 두 세트 정도만 해보세요.

[*] 《요가 디피카》, B.K.S 아헹가 저, 선요가, 2016
[**] 《아사나 쁘라나야마 무드라 반다(Asana Pranayam Mudra Bandha)》, 스와미 싸띠아난다 사라스와띠 저, 한국요가출판사, 2007
[***] 위의 두 책

②박스 호흡법

박스 호흡법

<table>
<tr><td align="center">호흡 방법</td><td></td><td align="center">주요 효과</td></tr>
</table>

호흡 방법

- 4초간 숨을 마시고
- 4초간 머무르고
- 4초간 숨을 내쉬고
- 4초간 머무름

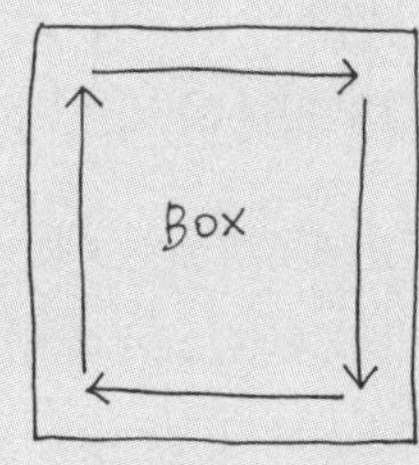

주요 효과

- 체내 CO_2 농도를 높여서 혈관 확장, 심박수 안정화
- 극도의 긴장, 패닉 상태에서 빠르게 벗어남 (ex. 전투)
- 단기간에 집중력 회복

* 요가식 호흡법에서 착안하여 미 해군, 병원 등에서 쓰임
* 한 번에 최대 3~5분 정도 진행할 것

박스 호흡법이란

나디 쇼다나 등 요가식 호흡법에서 응용되어 미 해군, 병원 등에서 널리 쓰이는 현대식 호흡법입니다.[****] 사실 박스 호흡법은 샤를리즈 테론 주연의 로맨틱 코미디 〈롱 샷〉이라는 영화를 보던 중에 우연히 알게 되었습니다. 요가나 명상과는 전혀 상관

[****] Medical Author: Karthik Kumar, MBBS, Medical Reviewer: Pallavi Suyog Uttekar, MD(2025), Why Do Navy SEALs Use Box Breathing?

없는 내용이지만 덕분에 이 호흡법을 건졌습니다. 극중 주인공이 외국에 갔다가 갑자기 주변에 폭탄이 터지는 등 위험한 상황에 처해 지하 벙커로 피신하는 장면이었습니다. 그때 '미 해군 호흡법'이라며 90초 동안 호흡을 하고 곧바로 안정을 찾는 장면이 인상 깊어서 따로 찾아보게 되었습니다. 참고로 영화에 나온 호흡법은 다소 변형되어 정확히 박스 호흡법은 아니었지만 비슷했습니다.

이 호흡법은 들숨, 머무름(쿰바카), 날숨, 머무름을 같은 비율로 해서 그 비율을 그림으로 표현하면 정사각형 즉 네모난 상자(box)가 된다는 의미에서 박스 호흡법 혹은 스퀘어(square) 호흡법이라고 부릅니다. 이와 비슷한 응용 호흡법으로 숫자를 1~4까지 세면서 숨을 마시고, 1~6까지 세면서 숨을 내쉬는 4대 6 호흡법이 있습니다.

박스 호흡법의 효과

박스 호흡법의 주요 효과는 체내 이산화탄소(CO_2) 농도를 높여서 혈관을 확장하고 심박수를 안정화함으로써 극도의 긴장과 패닉(예를 들면 전투 상황) 상태에서 빠르게 벗어날 수 있도록 도움을 줍니다. 또한 단기간에 집중력과 판단력을 회복할 수 있습니다. 수업에서 지도해보았을 때, 다른 모든 호흡 방법에 비해 초보자들도 쉽게 할 수 있고, 가장 빠르게 집중이 잘 되는 (아마도 계속 알아차리면서 숫자를 세어야 해서) 방법이라고 느꼈습니다.

다음은 실제 수업에서 나온 참여자들의 소감입니다.

"가끔 폐쇄공포증이 있을 때 수를 세며 호흡하는데 오늘의 호흡법도 유사한 점이 있어 좋았습니다."

"숫자를 세며 호흡하다 보니 그냥 호흡을 관찰할 때보다 잡념이 없었습니다."

박스 호흡법 해보기

마음속으로 1~4까지 숫자를 세면서 숨을 마시고, 똑같이 4까지 세면서 잠시 머무르고, 4까지 세면서 숨을 내쉬고, 4까지 세며 잠시 머무릅니다. 이를 90초 또는 3~5분 정도 해봅니다.

박스 호흡법 시 주의사항

나디 쇼다나와 마찬가지로 중간에 숨을 멈추는 부분이 답답하거나 버겁게 느껴지면 무리하지 않는 게 좋습니다. 그럴 때는 그냥 천천히 숨을 마시고 내쉬도록 해봅니다. 또한 아무리 좋은 호흡법이라도 과유불급이므로 짧게는 90초도 충분하며 최대 3~5분을 넘기지 않을 것을 권장합니다. 이러한 호흡법들은 명상을 시작할 때 집중력 환기를 위해 활용하면 좋습니다.

시공간의
제약 벗어나기

.3.

카마트카라 아사나 자화상

상황이 답답할 때는 이렇게 시야가 뒤집히는
요가 자세를 하거나 나가서 걷는 것이 좋아요.
명상은 앉아서만 할 수 있는 게 아니니까요.

"너무 바빠서 명상할 여유가 없어요."
명상은 꼭 조용한 공간에서 앉아서만 할 수 있는 것은 아닙니다. 너무 번잡하거나 위험한 곳만 아니라면 어디서든 명상을 할 수 있습니다. 앉아서 하는 좌선이 기본이지만 그외에도 걷기 명상, 먹기 명상, 누워서 하는 바디 스캔 등 다양한 명상법이 있습니다. 그때그때 상황에 맞게 활용해 보세요.

소음과
소음 아님

명상 883일째 30분 명상 후 일기

지난주 점심 명상 수업에서 호흡 명상을 했는데 날이 따뜻해서 창문을 살짝 열어둔 채로 진행했다. 그래서 이따금씩 차가 지나가는 소리가 들려왔다. 주변 도로의 소리는 창문의 개폐 여부, 시간대, 나의 컨디션에 따라 더 크게, 자주 들리거나 조금씩 달라졌는데 어느 경우든 그 소리를 규정하는 이름은 언제나 같았다. '소음', 소음이었다.

하지만 이때는 무언가 달랐다. 코끝 호흡 관찰 명상 시에 종종 찾아오는 선물처럼 몸의 부피나 거친 느낌이 거의 느껴지지 않는 안락한 상태에 접어들었을 때 차가 지나가는 소리가 들렸다. 버스가 정거장에 멈추는 소리였는데, 그때 나의 귀는 그

소리를 '소음'으로 분류하지 않고 그냥 두었다. 그러자 순간 버스 기사님이 불쑥 떠올랐다. 버스에 타고 내리는 사람들이 떠올랐다. 주변에 지나가는 모든 사람, 자전거 소리, 배달 오토바이 소리, 새 소리, 나무가 흔들리는 소리. 모두가 살아가고 있었다. 그건 단지 모두가 '살아가는' 소리였다. 여기에 명상하려고 앉은 '나'와 주변 '세상'을 철저히 분리했을 때는 '소음'으로 치부되던 모든 소리는 살아있음이었다. 하루 종일 버스로 사람들을 실어 나르는 기사님이었다. 생각지도 못한 작은 깨침에 눈 안쪽이 별안간 촉촉해지며 코가 찡해졌다.

명상 수업 후에 늘 하는 소감 나누기 시간에 이례적으로(보통은 지도하는 내 소감은 따로 나누지 않는데) 나도 이 같은 소감을 밝혔다. 명상에 같이 참여한 엄마(사띠윤 선생님)도 덩달아 눈시울이 붉어지며(MBTI 극 F이시다) 자비심이 확장된 거라고 말씀해 주셨다. 그렇게 마음의 평수가 조금 늘어난 듯한 상태로 명상을 마쳤다. 한편 생각이 얼마나 빠르게 감각을 분류해내는지 (예를 들면 '소리'를 '소음'으로) 역으로 가늠해볼 수 있었다. 그 꼬리표를 벗어나는 아주 드문 경험, 아마도 이렇게 명상을 직접 하지 않았다면 영영 모를 수도 있었을 작은 깨달음이었다.

시내 한복판 카페에서
명상을

저녁 수업을 앞두고 카페에 앉아서 명상을 했다. 그렇다. 명상은 꼭 고요하고 아늑한 공간에서 푹신한 방석 위에 홀로 앉아야만 할 수 있는 건 아니다. 마음만 먹으면 시내 한복판 카페의 딱딱한 의자에 앉아 담이 걸린 어깨와 다래끼가 난 눈을 하고선 귀에 이어폰을 꽂고도 얼마든지 할 수 있는 것이다. 그리고 놀랍게도 이 명상은 생각보다 번잡하지 않고 꽤 괜찮은 경험이었다.

어떤 상황이었는지 하나하나 묘사해보자면 썩 좋은 상황은 아니었다. 오전에 수업 준비를 하며 강의실 청소를 하다가 목을 삐끗해서 왼쪽 어깨에 담이 온 상태였다. 자체 재활로 이리저리 목을 움직여서 어찌어찌 움직일 수는 있었으나 통증이 남았다.

그리고 어제 수면 부족의 여파로 눈 밑에 다래끼가 났다.

딱딱한 나무 의자에 앉은 채 눈을 감았다. 때마침 이어폰에선 웅장한 '그리그 피아노 협주곡 1번 1악장'이 막 흘러나오기 시작했다. 옆 테이블에서 접시를 달그락거리며 빵을 먹는 소리, 뒤 테이블에서 수다 떠는 소리, 저 멀리에서 음료를 만드는 소리, 매장 스피커에서 나오는 흥겨운 팝송, 구두를 신고 지나가는 사람의 발소리 같은 것들이 들려왔다. 다행히 담 걸린 어깨의 존재감은 크지 않았으나 별안간 미간에 머리카락인지 먼지인지 아니면 날벌레인지 알 수 없는 간지러운 촉감이 느껴졌다. '오, 제발 모기만 아니길' 하고 빌며 다시 호흡을 들여다보았다.

기존의 고요한 명상 체험과는 사뭇 다른 상황이었음에도 공간의 소음, 주변 사람들의 존재감, 의자의 단단한 질감이나 미간의 가려움, 귀에 들려오는 음악 중 그 어느 것도 별로 마음을 어지럽히지 않았다. 돌이켜보면 '일상'이라는 명목으로 숨을 보지 않고 살아가는 모든 시간마다 내 마음은 항상 부리나케 다른 곳을 유영하고 있었다. 지금 그 '일상의 한가운데'에서 나는 내 의식을 다시 몸으로 불러들이는 중이었다. 소음이나 감각은 나를 둘러싸고 있는 것이 아니었다. 본질을 건드리거나 붙잡는 대신 평화로이 그리고 끊임없이 흘러가고 있을 뿐이었다. 그것을 지켜보는 것, 삶의 중간에서 마음을 여기로 불러오는 것. 다름 아닌 그게 바로 내가 하고 있는 명상이었다.

명상하기에
완벽한 조건

밤 열두 시 20분인데 윗집이 소란하다. 매트를 깔고 요가를 한 김에 그 위에 앉아 명상을 시작했더니 감은 눈 위로 은은한 부엌 등 불빛이 떨어져 평소보다 감은 눈앞이 밝았다. 그런 몇 가지 요소들이 조금 방해가 되었다고 느낀 순간 아, 어디에도 명상하기에 '완벽한' 조건 같은 건 없음을 다시 깨달았다.

낮이라면 우선 햇살에 눈이 부실 것이고 차 소리, 오토바이 소리, 낙엽을 쓰는 소리, 새소리를 비롯해 깨어난 모든 것들의 살아가는 소리가 들려올 것이다. 밤이라면 지금처럼 예기치 못한 이웃의 소음이나 물 내려가는 소리, 고요한 가운데 엘리베이터가 작동하는 소리, 난방이 돌아가는 소리, 배 속 장기의 움직임 같은 것들이 들릴 것이다.

세상을 멈출 수 없는 이상 완벽하게 꾸며진 조건을 기대하는 것은 헛되다. 만물은 끊임없이 흘러가기 마련이다. 그 속에서 고요함을 찾는 것은 온전히 내 몫이다. 코와 뇌, 호흡과 의식, 몸과 마음의 몫이다. 이토록 짧은 명상 중에도 호흡에 순수하게 머물러 있는 순간을 늘릴 수 있다면 꼭 다리에 쥐가 나도록 오래 앉아 있지 않아도 상관없다.

명상 후 그대로 파드마 아사나(연꽃 자세, 결가부좌)로 앉은자리에서 일기를 쓰고 있자니 슬슬 다리가 저려온다. 감사한 마음으로 마무리.

슬로우 조깅과
겨울의 끝

달리기에 좋은 계절이다. 정확히는 조깅, 그것도 슬로우 조깅을 간헐적으로 하고 있다. 어릴 때부터 체육은 영 젬병이었고, 특히 달리기는 뒤에서 손꼽을 정도로 느려서 여전히 뜀박질은 어렵지만, 어쩌다 한 번 휴일에 조깅을 하게 되면 그렇게 상쾌할 수가 없다. 조깅을 마치고 나면 발바닥의 감각이 이상하고 다리가 다소 후들거리고 양 볼은 잘 익은 토마토색이 되며 호흡은 거칠어진다. 하지만 뛰고 나서 건널목에 잠시 서서 초록불을 기다릴 때 보이는 말간 하늘이, 코로 다급하게 끼쳐오는 주변 공기가, 옷 속에서 쿵쿵거리며 존재감을 과시하는 심장이 괜히 반갑고 새삼 좋다. 제멋대로 헝클어진 머리칼을 날리는 바람이 달콤하고 값지다. 아, 이래서 달리기를 하는가 봐. 다음번에 날씨가 적당하고 비염이 심하지 않고 근골격계 혹은 호르몬 상태가 양호하고, 가장 결정적으로 휴일일 때 다시 만나기를 기약하며 조깅과 기쁘게 헤어진다. 벚꽃이 여기저기 벙그러지는 아름다운 계절, 이번 주말에는 오랜 겨울에서 벗어나 마음껏 봄을 누릴 수 있기를. 세상 모든 봄꽃들에, 여무는 꽃망울에 빌어본다. 지금 이 순간에 머무르며 조깅할 수 있게, 봄을 맞이할 수 있게 축복해주기를. 점점 강해지고 길어지는 봄의 해를 막을 수는 없을 것이다.

조깅과
움직임 명상

명상 1,059일째 30분 명상 후 일기

요즘 들어 조깅을 하며 움직임 명상, 동적인 명상의 효과를 느끼고 있다. 예로부터 달리기를 기피하던 내가 자발적으로 조깅을 하고 있다니, 신기한 지경이다. 조깅을 시작하게 된 건 작년에 우리 금빛요가명상센터 단골 회원분이 적극 영업하신 덕분이다. 그분은 '일하느라 바쁘다가 뒤늦게 요가를 하며 태어나 처음으로 운동이란 걸 하게 되었다.'고 하셨다. 요가를 하면서 점차 활력이 생겨서 조깅을 시작했다가 이제는 하프 마라톤 대회에도 참가할 정도로 즐기게 되었다고. 가끔 환승 놓칠세라 뛸 때 빼고는 딱히 자발적으로 뛰어본 기억이 없는 나로서는 마라톤은 상상하기 어려웠지만, 가벼운 조깅 정도는 좋은 유산소 운동이 되지 않을까 하는 호기심이 일었다. 그렇게 어느 휴일에 처음 해본 조깅에서… 터질 것처럼 벌겋게 달아오른 얼굴로 아픈 배(횡격막에 무리가 간 듯)를 부여잡고 얼마 못 가 멈춰야 했다. 그러면서 나의 몸이 얼마나 달리기에 낯선 상태인지 잘 느낄 수 있었다. 그러니까 이 새로운 취미는 내 몸의 입장에선 길이 나지 않은 야산에서 수풀 속을 헤치고 나아가는 것과 다름없었다. 그럼에도 불구하고 묘한 성취감과 땀을 흘릴 때의 개운한 느낌에 한동안 아주 간헐적으로 야금야금 조깅을 했는데, 신랑의 표현에 의하면 '어디 가서 조깅한다고 말하기 민망한' 정도의 거리였다. 신랑은 친절하게 '요가로 치면 초반에 목 운동 겨우 마친 것과 같다'고 덧붙였다.

조깅 중 횡격막 부근이 아픈 증세에 관해 얘기하자 마라톤 전도사 회원 분은 아마 페이스가 오버된 것 같으니 좀 더 천천히 달려보라고 했다. 그래도 "관절 통증으로 멈추는 것보다는 호흡근(횡격막)이 아프거나 숨이 차서 멈추는 경우가 페이스 조절만 잘하면 더 오래 달릴 수 있다."는 덕담을 해주셨다.

그렇게 마라톤 선배의 조언대로 속도 내는 것을 포기하고 (원래도 빠른 편이 아니었지만) 더 천천히, 거의 슬로우 조깅을 했다. 가다가 복부 근육이 살살 당기는 듯한 느낌이 들면 더욱 속력을 늦추는 식으로 조절했다. 처음엔 두 달에 한두 번 정도 겨우 달리다가, 점점 몸에 익으면서 일주일에 한 번은 조깅을 하게 되었다. 바쁜 일정 중에 운 좋게 휴일이 생기면 먼저 조깅을 할 만큼 꽤나 재미가 붙었다. 그러다 보니 계단식으로 달리는 시간과 거리가 증가해서 이 글을 쓰는 시점에는 5~7km 정도 달리게 되었다. 나는 완전 생초보이기 때문에 아주 천천히 가는 대신, 힘들어도 중간에 걷지는 않는다. 물론 걷다가 뛰다가 하는 것도 좋은 조깅 방법이지만 그냥 그러고 싶지 않았다. 그러면서 나에게 체육에 소질이 없는 것과는 별개로 의외의 악바리 근성이 있다는 걸 알게 되었다.

나는 평소 수업에서 '요가는 움직이는 명상'이라고 소개하곤 하는데, 조깅도 좀 더 역동적인 형태의 움직임 명상이라고 느꼈다. 호흡과 함께 요가 동작을 하며 나의 움직임과 몸의 감각을 알아차리는 것처럼, 조깅을 통해 한 걸음 한 걸음 나아가는 움직임, 뛰는 심장과 발바닥의 감각, 코에 들어오고 나가는 거친 숨을 알아차려본다. 그렇게 이 순간에 순수하게 몰입함으로써 생각의 찌꺼기를 몰아낼 수 있다(사실 힘들어서 다른 생각이 안 난다).

그저 묵묵히 앞으로 한 발씩 내딛다 보면 심장이 쿵쿵 뛰면서 온몸에 힘차게 피와 산소가 도는 게 느껴졌다. 아, 사람들이 달리기(나는 조깅이지만)가 좋다고 하는 이유 중 하나가 어쩌면 이런 게 아닐까? 모든 혈관과 신경, 다소 정체되어 있던 말단 부분까지도 막힌 하수구를 뚫어뻥으로 뚫듯(?) 강하게 펌프

질하여 순환이 된다. 이를 통해 근육과 심장의 힘을 끌어올리는 효율적인 활동임을 느낄 수 있었다. 이렇게 또 하나의 괜찮은 명상 수단을 발견했다. 특히 가만히 앉아 호흡에 집중하기 어려운 명상 초보자들께 혹은 좌선하기에는 너무 열불이 날 때 움직임 명상으로서 조깅을 추천하고 싶다.

명상 수업에서 자주 듣는 질문들

걷기 명상 중 걸음이 흔들릴 때

일상에서는 아무래도 이렇게 느리게 걸을 일이 잘 없기 때문에 약간 비틀거리는 것도 자연스러운 현상이라고 생각합니다. 흔들리면 흔들리는대로 알아차림하면서 한 걸음 한 걸음 나아가보세요.

명상은
시간을 버는 일이다

이번 한 주 수업을 다 마치고 커피를 마시면서 카페에 꽂혀 있는 책 한 권을 읽고 있다. 몇 달 전에 앞부분을 조금 읽었는데 그림은 단순하고 일상적인 대화가 술술 이어져 부담 없이 읽은 기억이 나서 다시 꺼내 보았다. 그러다가 책에 오래전 친구가 언급했던 내용이 있어서 '아, 이게 바로 그 책이구나.' 하며 오랜만에 친구에게 톡을 보냈다. 각자 가정이 생긴 후, 특히 친구가 육아로 바빠져서 자주 못 만나다 보니 연락할 때마다 서로의 근황을 길게 적어 보내곤 한다. 디지털 방식이지만 아날로그처럼 각자 삶에서 어떤 페이지에 있는지 책갈피를 끼워보내는 것이다. 마치 비둘기 다리에 편지를 달아 날리듯이 글을 적어 보내고 답이 실려오기를 기다린다.

　이번 나의 근황에는 새로 추가된 루틴(?)인 '명상'을 적었다. 얼마 전부터 매일 명상을 하고 일기를 써보고 있다고, 늘 하고 싶었는데 바쁘다는 핑계로 미루다가 드디어 시작했다고. 명상을 시작한 이후 까슬까슬했던 마음이 좀 부드러워진 것 같고, 털이 곤두선 야생동물 같던 경계심이 조금 옅어진 느낌이라고 적었다.

　육아로 바쁘고 지쳤을 친구에게도 이 평온을, 명상의 효과를 알려주고 싶었다. '해야 하는데'라고 생각만 했을 때는 한없이 멀고 번거롭게 느껴졌던 명상이 사실은 매트를 깔고 요가를 하는 것보다 훨씬 쉬운 일이었다. 물론 개인차가 있을 수 있다. 나는 부모님 덕분에 초등학교 무렵 명상을 처음 접했고, 10대와 20대 시절 명상 집중 수련을 몇 차례 했기 때문에, 그 이후 명상을 매일 하지 못했더라도 퇴화된 꼬리뼈처럼 그때의 습관이 아주 조금 남아 있었는지 모른다.

　분명히 말할 수 있는 건 명상을 하기 위해 시간을 내는 일은 오히려 시간을 버는 일이라는 것이다. 특히 뇌와 신경계가 쌍수를 들고 환영하는 것을 느낄 수 있다. 작은 문제에도 꼬리에 꼬리를 물듯 이어지는 '이런 거면 어떡하지? 저런 거면 어떡하지?' 하는 고뇌가 줄었다. 불쾌하거나 소모적인 일에 늪으로 가라앉듯 마음을 쏟는 일도 줄었다. 들떠 있고 피로한 몸과 마

음이, 체로 거친 덩어리들을 한 번 걸러낸 듯이 정제되고 맑아
진다. 가벼워지고 밝아진다.

음이, 체로 거친 덩어리들을 한 번 걸러낸 듯이 정제되고 맑아
진다. 가벼워지고 밝아진다.

지금 눈을 감으면
그때 눈을 감은 나랑

명상 25일째 9분 명상 후 일기

저녁 수업 전 강의실에서 명상하는 영상을 찍었다. 수업이 끝나고 집에 가면 늦은 시각이고 다음 날 또 일찍부터 수업이 있기에 마음의 여유가 가장 적은 날이라 나중에 집에서 하는 대신 밖에서 처음 해본 것이다. 결과는 성공적이었다.

방석이 없을 때는 파드마(연꽃 자세, 결가부좌)로 앉는 것이 허리를 바르게 세우는 데 도움이 되어서 척추 정렬의 무너짐 없이 더 안정적으로 앉을 수 있다. 물론 이렇게 한 시간을 앉아 있다면 다리가 저릴 수도 있겠지만 수업 전 잠깐 틈을 내어서 하는 거라 상관없었다.

좀 더 어색한 다리가 위로 올라가도록 파드마로 앉아서 양

손을 무릎 위에 얹고 눈을 감았다. 곧바로 이 자세의 장점을 다시금 깨달았다. 견고하게 짜인 다리 모양 덕분에 허리가 기둥처럼 쪽 펴졌으며 머리와 목, 어깨가 편안했다. 안정된 하체의 기반과 상체의 안락함이 어우러져서 몸이 점차 그 존재를 지웠다. 말하자면 음악 소리에 집중할 수 있도록 주변 소음을 차단하는 이어폰의 노이즈 캔슬링 기능처럼, 밤에 착륙하려는 비행기를 위해 길 양옆에 빛나는 유도등처럼. 몸이 잠시 그 존재를 지워 내가 지금 들어야 하고 보아야 할 게 무엇인지 명확히 알 수 있었다. 그래서 호흡에 더 잘 집중할 수 있었다.

이제 자기 전에 집에서 명상하는 것이 습관이 되었지만, 반드시 그럴 필요는 없다는 걸 알았다. 기회가 되면 어디서든 할 수 있는 거였다. 그러고 보니 2012년 즈음 혼자 캄보디아 앙코르와트 근처 어딘가 맨바닥에서 연꽃 자세로 명상을 했던 기억이 난다. 거친 바닥으로부터 맨발을 보호하기 위해 그렇게 앉았는데 꽤나 효과적이었다. 지금 눈을 감으면 그때 거기서 눈을 감은 나랑 만날 수 있을 것만 같다. 영화 〈인터스텔라〉에서 주인공이 책장을 사이에 두고 과거의 자신과 만난 것처럼, 호흡을 사이에 두고 시간을 굽힐 수 있다면. 참 이상하지만 아주 헛된 일은 아닐 것 같다.

덕분에
사계절을 난다

수업 전 카페에서의 세 번째 명상. 오늘 기온은 영하 10도에서 영하 5도로 올해 들어 가장 추운 날이라는데 이곳은 따뜻하다 못해 덥다. 나는 뚜벅이라서 밖에서 얼지 않기 위해 옷을 단단히 입는 편이다. 외투를 비롯한 옷을 몇 겹 벗어 가지런히 쌓아 두고 명상을 했는데도 더웠다. 긴 팔 위에 입은 얇은 바람막이마저 부담스러울 정도로 히터가 빵빵하게 돌아가고 있었다. 그래서 도중에 이걸 벗어야 하나 말아야 하나 생각했던 것이 이번 명상의 최대 방해 요소였다. 그 외에는 꽤 순탄했다. 오후 수업 후에 잠깐 집에 들러 빵을 곁들여 보이차를 마시고 나온 덕분인 것 같다. 언제부턴가 겨울이 제철이 된 딸기가 들어간 크로아상을 먹었는데 바깥 찬바람 같은 건 바로 잊게 해주는 포근하고 달콤한 맛이었다. 몸을 안에서부터 따뜻하게 데워주는 진한 보이차를 마시면서 늦은 시각까지 꽉 찬 오늘의 일정에 대한 부담감이 쓸려내려갔다. 마무리로 역시 제철을 맞이한 제주산 감귤을 몇 개 까먹고 다시 길을 나섰다. 빵, 보이차, 귤에 감사하며, 그리고 그것들이 여기에 오기까지 거친 많은 분들의 수고와 자연의 보살핌에 감사한 마음이 들었다. 예전에 명상 집중 수행을 하러 가면 항상 식사 전에 함께 감사한 마음을 읊는 시간이 있었다. 그때는 그저 형식적인 일이라 생각했는데 지금은 온 마음으로 느끼고 있다.

나는 비록 홀로 일을 하는 프리랜서이지만 정말 세상에 누구도 다른 사람의 도움과 자연의 가피(축복) 없이 동떨어져 존재할 수는 없음을 새삼 깨달았다. 어느 순간에라도 보이지 않는 무수한 사람들의 은혜와 노력의 시간이 있기에 내가 안락하게 지내고 이 추운 겨울을, 사계절을 날 수 있는 것이다.

작은
평화

명상 63일째 9분 명상 후 일기

자려고 불을 끄고 침대에 누웠다가 명상을 못한 게 생각나서 도로 이불을 걷고 나와서 앉았다. 밤에 살며시 눈이 내리는 소리처럼 마음이 고요하고 평온해진다.

오늘은 엊그제보다 기온이 조금 올라서 (그래도 영하였지만) 며칠 만에 동네 산에 올라가서 벤치에 잠시 앉았다. 잎을 다 떨군 키 큰 나무들 꼭대기 쪽으로 목 스트레칭을 할 겸 고개를 젖혀 눈을 감았다. 겨울이 되어 여름의 시끌벅적함과 가을의 바스락거림이 모두 사라진 숲이 조용했다. 이따금 새들이 우는 소리가 허공에 깨끗하게 울리면 주변에 다른 잡음이 섞이지 않은 게 느껴져 더욱 고요하게 다가왔다. 턱과 뺨에 닿는 차가운 공기가 머리를 맑게 했다.

모처럼 기분 좋은 산책이었다. 저녁을 뭘 먹을지 초조하지도 다음 날 출근에 대한 스트레스로 괴롭지도 않았다. 그 순간에 벤치에 앉아 있는 그 자체로 참 좋았다. 그리고 지금은 이 순간에 거실에 앉아 있는 그 자체로 참 좋다.

흔들리는 벚꽃 속에서
명상을

우리 센터 앞 벚꽃이 만개했다. 이곳에서 두 번째로 맞는 봄이다. 꽃이 겹겹이 둘러싼 꽃대궐 한가운데에서 명상을 할 수 있다니 감격스럽고 감사한 일이다. 통창 블라인드를 시원하게 걷어 올리고 창을 조금 열어 엄마가 정성스레 키우고 계신 센터 식물들에게 바깥 공기를 전해준다. 봄볕이 공간 곳곳을 비추며 자연 소독을 하는 동안, 도톰한 명상 방석을 깔고 앉아 명상했다. 가볍게 몸풀기 요가 후 평좌로 앉아 눈을 감았다. 이렇게 내리 한 시간 가까이 앉아 명상한 것이 오랜만이라 중간에 졸음이 오기도 했고 요추(허리) 정렬이 흔들리는 느낌이 들기도 했다. 머릿속으로 명상 일기를 쓰기도 했고 등 뒤 창밖에서 들려오는 새의 노랫소리에 미소를 짓기도 하는 등 여러 가지 양상을 관찰할 수 있었다. 모든 물리적인 자극과 정신적인 요소들을 하나하나 알아차리다 이윽고 눈을 떴을 때 허리는 다소 뻐근했지만 잔잔하고 충만한 만족감이 차올랐다.

나는 명상 시간을 꼭 이만큼은 해야 한다고 정해두는 편이 아니다. 매일 내가 할 수 있는 만큼만 하는 주의인데, 오늘의 긴 명상 시간도 지금의 나에게는 꼭 필요한 귀중한 경험이었다. 요가 수업도 많지만 특히 명상 지도 수업이 늘어난 요즘, 오히려 혼자 명상을 하는 시간은 별로 늘지 않았기 때문이다. 가끔은 이렇게 마음의 빗장을 풀고 조금 오래 머무르며, 세상의 급류에 휩쓸리지 않고 닻을 내려보려 한다.

침대에 누워서
명상을

오늘 SNS를 통해 소통하던 분을 만났다. 서로의 요가 사진이나 글에 댓글을 달며 가까워진 분이었다. 코로나19 팬데믹이나 다른 일정으로 인해 여의치 않다가 드디어 처음 만난 것이다. 흔쾌히 환영해주서서 요가원에 놀러 가 차담을 나누었다. 요가를 만난 계기와 일을 하며 느끼는 즐거움과 고충 등을 차를 마시며 한참 동안 주고받았다.

내가 요즘 매일 명상을 한다는 근황을 전하며 명상에 관심이 있는지 물어보니 그분은 웃으며 이렇게 답했다. "사는 게 명상 아닌가요." 나보다 수년 전부터 요가 강사의 길을 가며 그야말로 각양각색의 사람과 상황을 겪어온 그분의 말에는 진심이 담겨 있었다. 그렇다. 시끌벅적한 카페에서 귀에 이어폰을 꽂고도 내면이 고요한 명상을 할 수 있는 것처럼, 명상은 '조용한 곳에서만' 가능한 것이 아니며 같은 원리로 '앉아서만' 할 수 있는 것도 아니다. 위빠사나 수행처럼 모든 순간 밖에서 오는 자극과 안에서 오는 감정을 객관적으로 알아차릴 수 있다면 그것이 명상이다.

그리고 마침 오늘은 밤늦게 월드컵 경기가 있는 날이었다. 침침해진 눈을 감으며 자리에 눕자마자 '아차' 싶었다. 명상을 하지 못한 것이 생각났다. 전날에도 교통편 시간 때문에 거의 잠을 못 잔 상태였기에 불을 켜고 일어났다가는 이미 무리하고 있는 몸의 면역 체계에 악영향을 줄 것이 자명했다. 시간을 보니 새벽 두 시 30분, 순간 낮에 만난 그 선생님의 목소리가 들렸다. "사는 게 명상 아닌가요."

그래서 누운 채 눈을 감고 코끝의 호흡에 집중했다. 고요하게 숨을 마시고 내쉬면서 몸의 감각을 가라앉혔다. 구름 같은 이불 속에서 명상하며 천천히 잠에 들었다.

마스크 팩을 얼굴에 붙이고 명상을

때로는 마스크 팩을 얼굴에 붙이고 하는 명상도 나쁘지 않다. 촉촉한 감촉과 은은한 냄새가 감각을 자극하지만, 복잡한 생각의 바다에서 헤매는 것보단 오히려 더 도움이 될지도 모른다. 마치 고민에 빠져 인상을 쓰고 길을 걷다가 향기로운 소나무 숲을 마주친 것처럼 '내가 지금 있는 곳'에 대한 주의를 환기해주는 효과가 있는 것 같다. 아, 그래서 명상을 할 때 향을 피우거나 싱잉볼을 쓰는 사람들도 있겠구나 납득이 되었다.

나는 향도 싱잉볼도, 오래된 사찰에 가면 처마 끝에서 영롱하게 달랑거리는 풍경 소리도 좋아하지만 집에서 명상할 때는 아무것도 없이 그냥 한다. 단지 필요한 것이 있다면 너무 밝지 않은 은은한 조명뿐이다. 눈을 감아도 눈이 쉬지 못하는 지나치게 밝은 환경보다 살짝 어두운 환경이 호흡에 집중하는 데 도움이 된다. 이제까지의 경험 중에, 명상 집중 수행을 하러 갔을 때 해가 뜨기 전 새벽 어스름에 했던 명상이 가장 좋았다. 세상이 고요한 가운데 마음이 진공 상태처럼 말끔하고 군더더기가 없었다. 그래서 가장 밀도 있게 의식을 호흡에 모을 수 있었다. 애석하게도 나는 일찍 일어나는 편이 아니고 수업도 밤늦게 끝나는 날이 많아서 주로 하루 일과를 마친 후 자정이 넘어서 명상을 하고 있다. 밤 시간도 아침의 눈부심이나 낮의 시끌벅적함이 덜하다는 면에서 집중하기에 나쁘지 않다.

하지만 이 모든 조건은 실제 내 마음 상태에 비하면 중요하지 않거나 전혀 무관한 문제가 될 수 있다는 걸, 매일의 명상으로 알게 되었다. 캐럴송이 크게 울려 퍼지고 사람들로 바글바글한 시내의 카페에서도 마음만 허락한다면 나는 얼마든지 고요해질 수 있다. 다른 부수적인 조건들은 명상에 있어서 그리 중요하지 않다. 새벽이 아니어도 은은한 조명이 있는 방이 아니어도 상관없다. 마음의 지옥을 벗어날 수 있다면 그 문이 어디에 있든 나는 기꺼이 가서 열어볼 것이다.

꽃길을 걸으며
명상을

봄은 변덕스럽다지만 올해는 그 수준이 정도를 넘어섰다. 아침과 낮의 기온 차가 20도 가까이 나는 건 둘째 치고 낮에는 더워서 반팔을 입다가 늦은 오후에는 진눈깨비와 강풍이 불었다. 구석에 넣어둔 패딩을 다시 꺼낼 만큼 기온이 떨어진 것이다. 바로 그런 드라마틱한 날에 우리는 금빛요가명상센터에서 처음으로 숲 치유 걷기 명상을 했다. 국가 공인 산림 치유 지도사이신 엄마가 계시니까 해 보면 좋지 않을까 해서 겨울이 적당히 물러날 날짜를 일찌감치 정해둔 것인데 며칠 전부터 비 예보가 있어서 속으로 빌었다. 비가 더 천천히 오기를, 혹시 오더라도 조금만 와주기를. 천만다행히도 비바람이 불기 전 진행되었다.

운 좋게도 우리는 어느 화려한 결혼식에서 흩날리는 꽃가루처럼 만개한 벚꽃잎이 날리는 풍경 속에서 걷기 명상을 했다. 더할 나위 없었다. 자연은 아무것도 해준 것 없는 사람들에게도 동화 속 선한 요정처럼 끊임없이 축복을 내려준다. 꽃과 봄의 기운이 가득한 나무들 아래에선 모든 것이 사랑스럽게 느껴진다. 이상기후로 인한 여러 가지 신조어들이 생겨나고 있는 오늘에도 주변의 나무들은 가지를 뻗고 들꽃들은 묵묵히 피어난다. 아무도 심지 않은 민들레가 노랗게 봄 노래를 부르는 이 계절이 소중하다. 이 봄이, 하루하루가 축복이라고 노래하고 있었다.

꽃과 나무는
나의 스승

명상 898일째 30분 명상 후 일기

봄에 내리는 비는 감로수이다. 건조한 날씨에 마른 나무와 꽃, 풀들이 한껏 물을 마시고 빛깔을 더 영롱하게 내어놓는 것이 보인다. 미세먼지, 황사, 그 밖에 모든 더러움을 씻어낸 세상은 어제와 모든 것이 다르다. 아무리 고운 꽃잎이라도 공기가 매캐하고 해가 없는 뿌연 날에는 그 색이 바랜다. 봄비가 지나간 후, 숨이 탁 트이게 말간 하늘을 배경으로 눈부신 저 꽃잎이 어제의 그 꽃잎과 전혀 다른 이유다. 한편으로는 아, 원래 그러한 색이란 없는 것임을, 빛에 의해 그리고 그것이 비추고 굴절되는 렌즈(눈)에 의해서만 그렇게 '보이는' 것임을 새삼 깨닫는다. 강아지가 보는 세상, 꿀벌이 보는 세상, 독수리가 보는 세상, 우리가 보는 세상은 동일한 시공간인 것 같아도 전혀 다른 것이다. 이를 통해 감각이 받아들인 정보가 얼마나 주관적인지, 우리가 아는 지식이 얼마나 종에 국한되어 있는지 다시 느낀다.

　나뭇가지 끝에 아직 피지 않은 진분홍색 꽃봉오리를 보며, 어느 가지 끝에는 마치 웨딩 부케처럼 동그란 형태로 만개한 연한 빛깔의 벚꽃을 보며, 일찍 피고 이르게 자유를 얻어 길가에 반짝거리는 진주 같은 꽃잎들을 보며 생로병사의 파노라마를 본다. 그 모든 과정에서 찬란하고 아름답게 세상에 이로움을 남기는 꽃을 본다. 꽃을 반기는 새의 노래를, 꽃을 담는 사람의 눈동자를 마음에 새기며, 세상 모든 꽃망울과 꽃잎에 감사한다. 꽃과 나무는 나의 스승이다.

음악도
명상이 되나요

오늘은 호흡 명상 말고 음악 명상을 했다. 앉아서 들숨·날숨 알아차림을 하거나 천천히 걸으며 하는 걷기 명상 이외에 처음 해보는 종류의 명상이다. 협주곡은 한 편의 대작 영화와 같다. 그 안에 기승전결, 섬세하고 부드러운 구간과 강렬한 클라이맥스를 두루 갖추고 있어 대충 배경으로 흘려 들을 수 없는 특징을 지녔기에 오히려 음악 명상에 적합할지도 모른다는 생각이 들었다. 좌선할 때 코끝 호흡에 의식을 두는 것처럼 이번에는 눈을 감고 귀에 들리는 소리에 의식을 두었다. 이렇게 하는 게 맞는지는 잘 모르겠다. 하지만 새로운 도전은 그 자체로 의의가 있으므로 일단 해본다.

다양한 종류의 음악을 듣는 편이지만 클래식의 매력은 그 중에서도 특별하게 느껴진다. 작곡가의 의도가 '점점 빠르게' 또는 '노래하듯이'라는 식으로 악보에 적혀 있지만, 그 해석은 수학처럼 답이 딱 떨어지는 것이 아니기에 연주자에 따라 같은 곡도 전혀 다르게 느껴진다는 점에서 그렇다. 즉 건반을 누르는 타이밍이나 누르고 유지하는 시간, 한 음 한 음을 분명히 끊어서 누를지 아니면 부드럽게 이어지도록 누를지, 마지막 음을 깔끔하게 끝낼지 아니면 약간 여운을 남길지에 따라 같은 곡이라도 연주 시간이 달라지며 분위기가 완전히 바뀌는 것이다.

2015년 쇼팽 콩쿨에서 조성진 피아니스트가 연주했던 '쇼팽의 피아노 협주곡 1번'✢은 원래 좋아하는 작품이라 무수히 보고 들었지만 이렇게 눈을 감고 들은 것은 처음이었다. 그렇게 연주가 시작되었고 곧 음악은 귀로만 듣는 것이 아님을 알게 되었다. 몸과 마음 전체가 소리를 담고 파동을 일으켰다.

1악장에서 바다의 철썩이는 파도, 그 가운데 거대한 배의 힘찬 항해가 보였다. 13분 10초 즈음부터 천천히 고조되다가 14분쯤 위에서 아래로 미끄러지듯 떨어지며 두 번 반복되는 피아노 연주는 마치 깊은 바닷속 고래의 노래와 같다. 이건 아주

✢ Chopin Piano Concerto in E minor, Op.11 – by Cho Seong-Jin, 2015 Final Stage of the Chopin Competition

오래전에 이 곡을 처음 들은 순간 느꼈던 잊을 수 없는 강렬한 심상이라 그런지 이번에도 역시 그렇게 들렸다. 바로 이 부분 때문에 이 협주곡은 모든 음악 중에서 내가 실제로 꼭 가서 들어보고 싶은 작품이 되었는데, 희한하게도 이 순간에는 그런 마음이 별로 들지 않았다. '다음에 직접 가서 듣고 싶다'는 열망을 일으키는 대신 그냥 '지금 들리는 이 음악'에만 집중한 덕분이다.

2악장. 느릿느릿 평화롭게 이어지는 구간이라 잠시 다른 생각이 떠올랐다. 아까 본 어느 예능 프로그램 광고가 불쑥 생각난 것이다. 곧 '아차' 하고 다시 지금 듣고 있는 소리로 복귀했다.

3악장. 피아노에 귀를 기울이자 건반을 위아래로 길게 오르내릴 때나 장난스럽게 메아리를 남기는 음들을 칠 때 아주 자잘한 작은 음까지, 사람으로 치면 목소리에 기계음이라도 넣은 듯이 여러 개가 거의 동시다발적으로 맑고 청명하게 들림을 알아차렸다. 소홀하거나 뭉개지는 부분이 없었다.

담담하고 깨끗하며 무엇보다도 '건강한' 피아노 연주였다. 쫓기는 듯 급한 느낌, 또는 집착하며 너무 매달리거나, 힘이 빠지거나 과도하게 발산된 듯한 느낌이 없었다. 피아노 연주에 중도가 있다면 이 연주에서 그 길을 찾은 것 같았다.

마침내 연주가 끝나고 '브라보!' 소리와 함께 뜨거운 박수갈채가 들리는 순간 눈을 떴다. 바로 그때, 피아니스트가 자리에서 일어나 지휘자와 포옹을 하고 제1바이올린 연주자와 악수를 하고 청중을 향해 인사를 하며 팔과 손이 어깨 아래로 덜렁거리는 모습을 보았다. 예전에 이미 몇 번 봤던 대회 영상이었는데도 이 부분은 처음 알아차렸다. 귀로만 들었을 때 믿을 수 없을 정도로 여유롭고 깔끔했던 연주는 실은 모든 것을 쏟아부은 치열한 시간이었다. 조성진 피아니스트를 비롯해서 무대에 선 이들에 대한 깊은 존경심이 느껴졌다.

기존에 콘서트홀에 가서 보고 들은 클래식 공연들 혹은 눈으로 보면서 들었던 공연 영상들과 이렇게 눈을 감고 명상하려는 마음을 일으켜서 들은 경험에 차이가 있음을 발견했다. 실제 공연을 보거나 생생한 연주 영상을 보았을 때는 종종 몰입을 과도하게 하는 경향이 있었다. 그 예로 몇 년 전 피아노 공연장에서의 일이 하나 기억난다. 그날 콘서트 프로그램 중에서 굉장히 어둡고 무거운, 그러면서도 몰아치는 듯한 느낌의 곡이 연주되자 심장이 울렁거리고 속이 답답하면서 2층에서 굴러떨어질 것 같은 느낌, 또는 좌석이 갑자기 무너져 내릴 것만 같은 불안감에 휩싸였다. 그래서 그 곡이 이어지는 내내, 마치 롤러코스터라도 타는 듯이 난간을 꽉 움켜쥐었다. 이어서 평화롭고 밝은 느낌의 다른 곡이 연주되었을 때 비로소 긴장감이 해소되었다. 또 다른 공연에서는 내가 좋아하는 곡을 들으며 눈물을 주룩주룩 흘렸다. 작품 자체의 아름다움과 연주의 탁월함 이외에도 그

곡에 담긴 나의 추억 같은 다른 요소들이 함께 작용한 결과였을 것이다.

그에 비해 오늘의 경험은 중도에 이른 피아노 연주처럼 감정이나 감각에 깊게 이끌려가지 않고 차분하고 명료하게 음악을 관찰할 수 있는 시간이었다. 만약 심박수를 측정했다면 흥분도가 이전의 경우들과는 달랐을 것이다. 괜찮은 음악 명상이자 치유의 시간이었다.

명상 수업에서 자주 듣는 질문들

오래 앉아 있기 어려울 때

집중이 어렵다면 이완이 부족한 상황일 수 있으니 그럴 때는 누워서 하는 이완 명상을 추천 드립니다. 편안한 자세로 누워서 발바닥에서부터 머리끝, 얼굴까지 천천히 몸의 감각을 하나씩 알아차리며 각 부분의 긴장을 풀어주는 바디 스캔도 좋고, 혹은 그저 누운 채 들숨·날숨을 해봅니다. 그러다 생각이 떠오르면 '생각'이라고 알아차리고 다시 들숨·날숨을 해봅니다.

일상에서 활용하기
좋은 명상

① 걷기 명상

걷기 명상, 조깅, 달리기, 먹기, 요가 등은 모두 '움직임 명상'이라고 볼 수 있습니다. 나의 모든 움직임을 알아차림할 수 있다면 일상이 명상이 됩니다. 그러므로 움직임 명상은 고요한 곳에 앉아서 명상하는 순간 이외에도 우리 삶에 밀착된 여러 활동들, 때로는 무의식적으로 행하는 행동들을 스스로 알고 깨어 있을 수 있는 좋은 방법입니다.

움직임 명상 중 가장 대표적인 방법은 걷기 명상입니다. 명상 집중 수행에 가보면 앉아서 하는 명상(좌선) 중간중간에 '경행(좌선을 할 때 피로를 풀고 졸음을 쫓기 위하여 일정한 곳을 천천히 거니는 일)'이라고도 불리는 걷기 명상 시간이 있습니다. 오래 앉아 있으면 생길 수 있는 여러 가지 질병을 예방할 수 있고, 주의력을 환기하는 효과가 있습니다. 뿐만 아니라 걷기 명상을 통해 흔히 애기하듯 '오장육부가 다 들어 있는' 발의 감각을 온전히 알아차리며 평소 당연히 여겼던 발을 비롯해서 신체 각 부분의 소중함을, 걸을 수 있음에 감사함을 느낄 수 있습니다. 나의 가장 낮은 곳에서 나의 모든 것을 지탱하고 있는 발, 세상에 태어나 처음 걸음마를 떼던 순간부터 지금 여기에 오기까지 늘 나를 이곳저곳 데려다준 발에 감사한 마음으로 한 걸음 한 걸음 알아차리며 나아가봅니다.

위빠사나 수행의 지침서《대념처경》을 보면 명상 대상의 큰 분류인 '신수심법' 중에서 '몸(신)'에 해당하는 것 중 '네 가지 자세에 관한 알아차림'이 명시되어 있는데, 바로 '걷고 있음, 서 있음, 앉아 있음, 누워 있음'✤입니다. 일상에서 늘 바쁜 나의 걸음을 걷기 명상을 하면서 하나하나 나누어 알아차림해봅니다.

다음은 걷기 명상 지도 후에 나온 참여자들의 소감입니다.

"늘 출근길에 바쁘게 걸어가다가 처음으로 이렇게 천천히 걸어보았는데 나의 발걸음에 온전히 집중할 수 있어 좋았습니다."

"매일 습관적으로 팔자걸음으로 걸었다는 것을, 엄지발가락을 알아차리며 바르게 걸으면서 역으로 알게 되었습니다."

"항상 여러 중요한 일들을 해내야 한다는 생각에 스스로를

✤《네 가지 마음챙기는 공부: 대념처경과 그 주석서》, 각묵 스님 저, 초기불전연구원, 2025

다그치다가 다 내려놓고 그냥 이렇게 걸을 수 있다는 것에 감사
했습니다."

걷기 명상 해보기

1) 허리를 펴고 양손은 몸 앞 또는 뒤에 모으고 (평소 손을
   앞으로 하고 일하는 대부분의 현대인에게는 개인적으로 손을 뒤
   로 모으기를 추천) 멀리 앞쪽을 내려다보며 숨을 마시며
   천천히 오른발을 들어 올립니다.
2) 내쉬는 숨에 오른발 뒤꿈치부터 '뒤에서 앞으로 구르듯
   이' 자연스럽게 안쪽 아치가 조금 뜨면서 바깥날이 닿고
   그다음 앞꿈치, 마지막에 엄지발가락이 땅에 닿습니다.
   단, 중간에 억지로 바깥날을 내리는 것이 아니라 그냥
   발을 내리면 안쪽 발 아치가 자연스레 조금 뜨는 상태가
   됩니다.
3) 그리고 마시는 숨에 왼다리를 들고 내쉬며 천천히 왼발
   을 뒤꿈치부터 아까와 마찬가지로 발가락까지 차례로
   내립니다.
4) 걸음에 신경 쓰다 보면 고개가 숙여질 수 있는데, 가능
   하면 허리와 목이 굽어지지 않도록 최대한 바른 자세로
   가슴을 펴고 시선은 먼 곳을 내려다보며 걷습니다.
   처음에는 이 느린 걸음이 마치 첫걸음마를 떼듯이 어색하게

느껴질 수 있습니다. '바쁘다 바빠' 현대 사회에서 몸이 아프지 않은 이상 평소에 이렇게 걸어볼 일이 거의 없으므로 당연합니다. 가급적 맨발로 안전한 실내 공간에서 걷기 명상을 하는 것을 추천하지만, 상황에 따라 밖에서도 (이를테면 한적한 곳에서 산책하기, 숲길 걷기, 맨발로 황토길 걷기 등) 응용해볼 수 있습니다. 다만 다른 사람의 통행을 방해하거나 이동 수단에 부딪혀 다치지 않도록 주변을 잘 살피며 속도를 적절히 조절합니다.

②요가

 요가는 수천 년 전부터 전해져온 유익한 몸과 마음 수련 방식입니다. 요가의 정의가 '마음 작용을 조절하는 것'인 만큼 움직임 명상에 더없이 적합하다고 볼 수 있습니다. 참고로 요가의 수련 체계를 명시한 '요가의 8단계' 중에 7단계가 바로 '명상'입니다.✢

바르게 앉아서 명상하기 위해서는 우선 건강한 몸 상태가 뒷받침되어야 합니다. 이는 제가 매일 명상을 하고 종종 집중 명상 수행을 다녀오면서, 또 다양한 분들을 대상으로 명상을 지도하면서 직접 느낀 바입니다. 특히 허리와 목이 앞으로 굽어지

✢《요가의 언어》, 김경리 저, 위즈덤하우스, 2019

지 않도록 하는 척주기립근의 힘, 체중을 안정적으로 받쳐줄 하체 근력이 중요하다는 것을 알게 되었습니다. 그러므로 요가를 통해 움직임 명상을 하면서 몸의 건강을 도모하고 동시에 마음의 근력도 키워봅니다.

다음은 요가 수업 후 나온 참여자들의 소감입니다.

"수업을 시작할 때 했던 명상보다 요가를 하고 나서 했던 명상이 훨씬 집중이 잘 되고 앉아 있을 때 몸도 편안했습니다."

"운동은 너무 힘들어서 잘 못하는데 이렇게 명상하듯이 움직임을 인지하면서 천천히 동작하니까 생각보다 어렵지 않았습니다. 개운하고 힐링이 되었어요."

"평소 나를 잘 챙기지 못했던 것 같습니다. 오늘 요가를 하며 내 몸의 근육과 관절, 뼈의 움직임 하나하나 주목하면서 내 몸에 최고의 선물을 해준 것 같아요."

명상 전후에 하기 좋은 요가 자세

• 우카타 아사나(의자 자세)

우카타 아사나 자화상

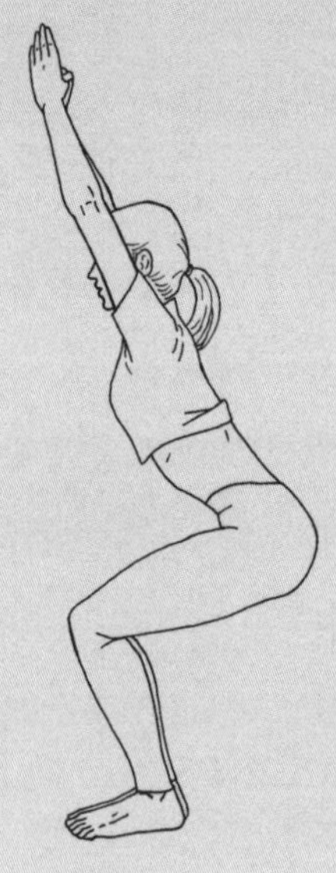

1) 두 발을 붙이고 바르게 선 자세에서 시작합니다.

2) 양팔을 귀 옆에 만세하듯이 뻗어 허리가 굽어지지 않게
   유지하며 상체를 앞으로 기울이며 천천히 무릎을 굽힙
   니다.

3) 이때 엉덩이가 너무 뒤로 빠지거나, 또는 반대로 허리가

둥글게 굽어지지 않도록 주의합니다. 옆에서 보았을 때 몸이 손끝에서부터 직선으로 지그재그, 번개 모양이 되도록 합니다.

4) 허벅지, 종아리, 엉덩이에 단단히 힘을 주고 혹시 무릎이 불편하다면 다리를 조금 더 펴는 등 각도를 조절합니다.

5) 호흡과 함께 5~20초 정도 유지하고 천천히 다시 올라와서 두 손을 가슴 앞에 모으고 마무리합니다.

이 동작은 하체와 척주기립근을 단련하는 데 도움이 됩니다. 팔과 어깨도 기지개 켜듯이 펼쳐서 순환이 됩니다. 반면 무릎 관절, 괄약근 관련 질환이 있는 경우 다른 자세로 대체하거나 이 자세를 너무 오래 유지하지 않도록 주의합니다.

- 푸르보타나 아사나(거꾸로 널빤지/거꾸로 플랭크 자세)

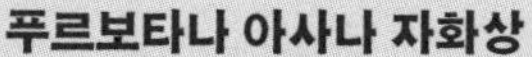

푸르보타나 아사나 자화상

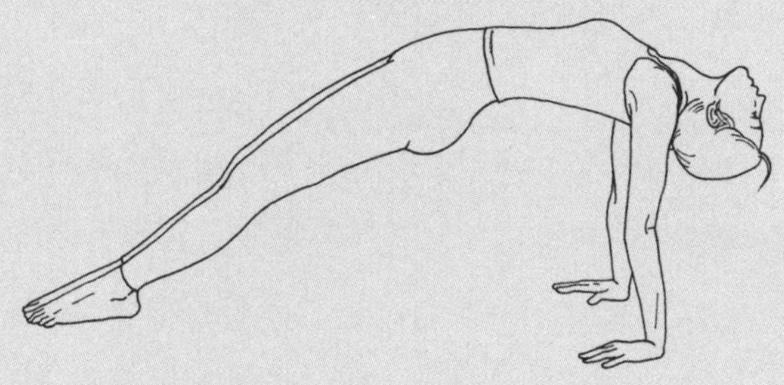

1) 다리를 앞으로 나란히 쭉 뻗고 앉은 상태에서 시작합니다. 또는 초보자의 경우 무릎을 90도 굽히고 발과 발을 골반 너비로 벌린 상태로 시작해도 좋습니다.

2) 양손은 골반 한 뼘 뒤에서 어깨너비로 손가락 끝이 정면을 향하도록 바닥을 짚습니다. 이때 손가락을 넓게 펼치고 손가락 끝을 살짝 구부려서 바닥을 움켜쥐듯이 하면 손목을 보호할 수 있습니다.

3) 발바닥과 손바닥, 골반에 의식을 두고 마시는 숨에 천천히 골반을 들어 올립니다. 엉덩이에 충분히 힘을 주면서 배보다 골반이 중점적으로 올라오도록 합니다.

4) 발가락을 바닥에 내려서 정강이 앞쪽을 완전히 펴봅니다. 그러나 발바닥이 불편하다면 발 앞부분을 바닥에서 조금 띄운 채 유지해도 좋습니다.

5) 서서히 머리를 뒤로 젖혀서 목의 긴장을 완전히 풀고 눈을 감고 코로 숨을 쉽니다.

6) 엉덩이와 허벅지, 종아리, 등과 허리 뒤쪽의 힘을 느껴봅니다. 반대로 가슴 앞쪽은 넓어질 듯이 호흡합니다.

7) 5~10초 정도 호흡하면서 유지한 후 몸의 움직임을 알아차리며 천천히 골반을 제자리에 내려놓습니다.

8) 엉덩이가 바닥에 닿으면 무릎을 굽히고 천천히 몸을 앞으로 기울여 양팔로 다리 앞쪽을 감싸 안으며 고생하는

나를 안아주듯이 마무리합니다.

이 동작은 오래 앉아 있을 때 늘어나며 약해질 수 있는 엉덩이, 허벅지, 척추 뒷면을 단련하는 데 도움을 줍니다. 반면 손목, 발목(아킬레스건), 발바닥(족저근막) 통증이나 질환이 있는 경우 주의합니다. 이 자세를 준비 동작 없이 갑자기 하거나 처음 해보거나 너무 오래 유지할 경우, 종아리가 과하게 수축하면서 근육에 쥐가 날 수 있습니다. 이 자세를 하기 어려울 때는 무릎을 90도 정도 굽힌 상태에서 골반을 들어 올리는 자세를 해봅니다.

③ 먹기 명상

먹기 명상은 사람들이 아주 흥미로워하는 명상법 중 하나입니다. 먹는 행위는 숨을 쉬는 행위만큼이나 우리 생명을 유지하는 데 필수적인 요소인 만큼 일상에서 깨어 있도록 돕는 좋은 알아차림의 대상 즉 명상 대상이라고 생각합니다. 특히 서양에서 명상을 정신의학 및 임상심리학 차원에서 응용한 '마음챙김에 근거한 인지 치료(MBCT, Mindfulness Based Cognitive Therapy)' 프로그램*에서 적극 활용되는 명상 기법입니다.

보통 '건포도 먹기 명상'을 진행하는데, 왜 하필 건포도일까 수업 중 궁금해하는 분들이 계시는데요. 첫째로는 건포도가

구하기 쉽고, 둘째로는 향과 색깔, 촉감, 맛이 강해서 오감을 활용해볼 수 있기 때문[**]입니다. 여기에 제 생각을 덧붙이자면 아마도 건포도가 적당히 자연 형태를 보존하고 있어 자연과 농부에 감사한 마음을 느낄 수 있고, 알레르기를 유발할 수 있는 견과류나 유제품, 기타 가공식품이나 간식류 등에 비해 상대적으로 안전하기 때문이 아닐까 싶습니다.

건포도를 가만히 들여다봅니다. 한 알 한 알 모양도 색깔도 맛도 다른, 어쩌면 세상에 단 하나뿐인 건포도를 봅니다. 이 포도알이 거쳐온 여정을 봅니다. 씨앗이었을 때부터 여기에 오기까지 만난 모든 태양과 땅과 비와 바람을, 거쳐온 모든 사람들의 수고를 봅니다.

먹기 명상 해보기

1) 건포도 세 알을 준비합니다. 첫 번째 건포도를 들어서 눈으로 색감, 표면의 주름, 안쪽에 비치는 과육을 살펴봅니다. 가까이에서 보기도 하고 해나 조명에 비친 빛깔을 봅니다.

2) 손가락에 닿는 건포도의 질감을 느껴봅니다. 손바닥에

[*] 《우울과 불안, 스트레스 극복을 위한 8주 마음챙김(MBCT) 워크북(The Mindful Way Workbook)》, 존 티즈데일·마크 윌리엄스·진델 시걸 저, 불광출판사, 2024
[**] 《도표로 읽는 명상 입문》, 혜명 김말환 저, 민족사, 2023

올려보기도 하고 살짝 눌러보기도 하며 충분히 촉감을
느낍니다.

3) 건포도를 코 가까이에 대고 눈을 감은 채 향을 맡아봅
니다.

4) 건포도를 입술 가까이에 대고 입안의 반응을 느껴봅니
다. 침이 고이는지, 입술이 달싹이는지 봅니다.

5) 건포도 한 알(또는 이로 반을 나누어서)을 입에 넣고 아주
천천히 씹어봅니다. 씹으면서 턱과 혀의 움직임, 침샘의
반응, 이에 닿는 느낌, 껍질과 안쪽 과육의 질감을 느껴
봅니다.

6) 천천히 씹으며 입안에 퍼지는 건포도의 향을 느끼고 목
으로 넘어가는 느낌, 나아가 위장으로 내려가는 느낌을
알아차려 봅니다. 내가 먹는 음식이 흡수되어 내 몸을
이루는 것을[먹는 것이 곧 내가 됨(You are what you eat)]
느껴봅니다.

7) 두 번째 건포도도 첫 번째와 같은 방식으로 먹어봅니다.

8) 세 번째 건포도는 그냥 바로 입에 넣어서 평소처럼 먹
어봅니다. 각각의 건포도를 먹을 때의 경험을 비교해봅
니다.

저는 사실 건포도를 별로 좋아하지 않았지만 먹기 명상을
통해 건포도의 매력(?)을 비로소 알게 되었습니다. 건포도가 별

로였던 이유는 파운드 케이크 등 어딘가 건포도가 끼어 있을 때 그 식감이 (부드러운 빵에 비해) 이질적이라 그랬는지 모른다는 깨달음도 함께…. 먹기 명상 이후 건포도의 달콤하면서도 태양 혹은 불에 그을린 듯한 나른한 탄맛, 건조 과정에서 모서리가 다듬어져 부드러워진 신맛, 얇은 껍질 안에 적당히 탄력 있는 과육까지 온전히 느낄 수 있었습니다. 이로써 사물에 관한 나의 '색안경' 하나가 벗겨진 느낌이었습니다. 건포도를 오감으로 받아들이며 이 작은 한 알에서부터 나아가 내가 먹는 모든 음식에 대한 감사함을 느낄 수 있었습니다. 물론 분주한 일상 중에 항상 이렇게 느리게 먹을 수는 없는 일이므로, 가끔 여유가 있을 때 그리고 특히 혼밥을 할 때 SNS나 영상을 보는 대신 '밥 친구' 삼아 먹기 명상을 추천합니다.

다음은 먹기 명상 수업에서 나온 참여자들의 소감입니다.

"색깔을 보고 향기를 맡으면서 먹었더니 먹는 일 자체가 새롭게 와닿았고, 감사한 마음이 들었습니다."

"그동안 내가 얼마나 급하게 밥을 먹었는지 거꾸로 알게 되었어요."

"수업에서 나눠준 견과류 한 봉지를 천천히 먹으며 아몬드로 이렇게 배부를 수 있다는 걸 처음 알게 되었고, 전에는 몰랐던 고소함을 느꼈습니다."

마음의
상처 치유하기

.4.

엎드린 이완 자세 자화상

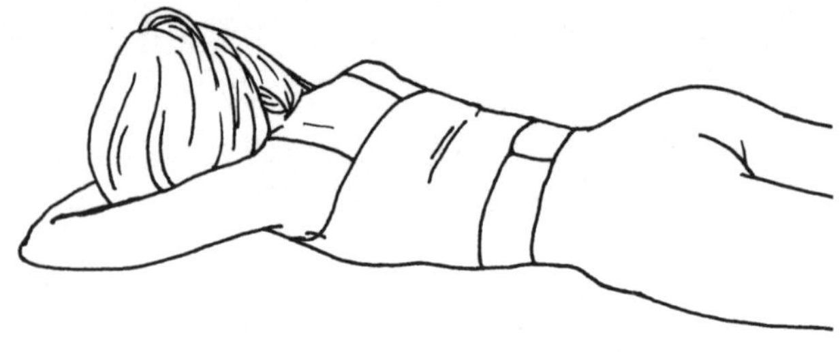

산불에도 뿌리가 타지 않은 나무처럼,
상처를 딛고 일어날 수 있는 힘이 나에게 내재되어 있습니다.

"나쁜 기억들이 떠올라요."
그런 기억들은 잊고 있는 것 같다가도 언제든 올라와 우리를 괴롭게 할
수 있습니다. 떠오른 기억을 그대로 바라보고 '힘들었구나'라고 인정하
고 다독여줍니다. 살면서 상처가 없는 사람은 없지만, 그 상처가 아물도
록, 새살이 돋아나도록 명상으로 내면의 힘을 기를 수 있습니다.

명상은 상처 입은
마음의 적군이 아니다*

요가 지도자 과정을 배울 때 특강을 들은 적이 있다. 명상에 대한 간단한 이론 설명 후 다 함께 명상하는 시간을 가졌는데, 명상을 마치고 한 명의 안색이 유독 어두웠다. 그는 소감을 나눌 때 좋지 않은 일이 떠올라서 힘들었다고 했고, 특강 후 강사님과 따로 이야기를 더 나누었다. 그로부터 수년이 흐르고 외국의 요가 관련 서적을 읽다 보니 이와 비슷한 사례가 나와 있었다. 글쓴이는 명상하면서 과거 트라우마가 떠올라 고통스러웠다고

* 다소 조심스러운 주제이며 이것은 명상 일기인 만큼 이 문제에 대한 제 관점은 철저히 주관적임을 밝힙니다.

호소하며, 명상에 앞서 이 같은 일이 발생할 수 있음을 경고해야 한다고 주장했다.

충분히 그럴 수 있겠다는 생각이 들었다. 사람마다 명상에 대한 경험과 반응은 다양하게 나타날 수 있다. 정적인 상태 혹은 명상이 익숙하지 않다면 잔잔하게 가라앉은 수면 아래에서 무언가를 들여다볼 수 있다. 어떤 과거는 떠올리는 것만으로 큰 고통이라는 것을 잘 알고 있다. 하지만 부작용이 두려워 시도조차 하지 않기에는 명상이 주는 이점이 너무나 많다. 참고로 얼마 전 미국의 한 병원에서 항불안제와 항우울제에 알레르기가 있는 환자들에게 명상 요법을 대신 처방했다는 기사를 읽었다.

앞서 언급한 사례들과 조금 다른 사례, 나의 경험을 공유하고자 한다. 어릴 때 죽임을 당할 뻔했던 일을 비롯해, 세상 어떤 존재도 겪지 않기를 바라는 몇 가지 끔찍한 경험이 있는 나의 경우에는, 살아오면서 명상하는 시간 말고 '일상'에서 오히려 트라우마가 떠올랐다. 예를 들어 뉴스를 보다가 또는 어느 영화 예고편을 보다가, 드라마의 대사를 듣다가, 어떤 장소나 길을 지나다가, 그냥 사람들의 이야기를 듣다가, 또는 꿈에서 불쑥불쑥 악몽이 소환되었다. 그것들은 과거로부터 죽지도 않고 계속해서 살아나, 누가 괴롭히지 않아도 나를 스스로 옭아매게 했다. 고통스럽고 불쾌한 감각과 감정을 불러와 반응을 일으키는 일이 무수히 반복되었다.

내가 명상을 하는 주요한 이유 중 하나는 바로 명상이 마음의 토대를 단단하게 만드는 데 도움을 주기 때문이다. 첫째, '당장의' 명상은 실질적으로 이런 효과를 가져왔다. 경험상 트리거(기폭제)가 작동되는 횟수 자체가 줄어들었고, 설사 무언가 떠오른다 해도 그것이 전처럼 신경을 예리하게 자극하거나 신체 반응까지 연결되지 않도록 방어막 역할을 해주었다. 마치 투명인간이 된 것처럼, 무겁고 불쾌한 감정의 덩어리가 머무르지 않고 투과되는 느낌이 들었다. 명상을 위해 가만히 앉아 눈을 감는 시간, 코끝의 숨에 집중하는 그 순간은 나에게 안식처이며 살아 있음 그 자체이다. 의식의 가장 깊은 곳까지 끌어모아 호흡에 집중할 수 있다면, 그 순간에 고통은 없다. 지나가버린 기억이나 앞날의 불안 따위는 머무를 자리가 없으며 그러므로 나를 괴롭힐 수 없다.

둘째, '누적된(반복된)' 명상은 근본적으로 나의 마음을 제대로 볼 수 있게 도와주었다. 맑아진 머리와 마음으로 전보다 더 강한 통찰력을 발휘하게 했다. 돌이켜보면 트라우마가 떠오를 때마다 나의 고통을 모두가 알았으면 하는 동시에 아무도 알지 못했으면 하는 마음이 내면에서 소용돌이를 일으켰던 것 같다. 아니, 내 안에 그 두 가지 말고는 아무것도 남지 않은 것 같았다. 하지만 지금은 내가 정말로 원하는 게 무엇인지를 들여다본다. 내가 원하는 건 그런 게 아니다. 나는 내가 행복하기를, 고통에서 벗어나기를 바란다.

과거의 상처를 바꿀 순 없다. 하지만 버티고 살아남아 지금 여기에 있는 나 자신을 소중히 할 수는 있다. 과거의 무게에서 나를 해방시킬 수 있다. 단번에 되지 않더라도 상관없다. 내가 할 수 있는 만큼 조금씩 짐을 내려놓을 것이다. 나는 명상을 하며 이렇게 느꼈다. 명상은 상처받은 마음의 적군이 아니라 아군이다. 그중에서도 '힐러(치유자 혹은 치유의 힘이 있는 것)'이다.

명상을 위해 가만히 앉아 눈을 감는 시간,

코끝의 숨에 집중하는

그 순간은 나에게 안식처이며 살아 있음 그 자체이다.

의식의 가장 깊은 곳까지 끌어모아

호흡에 집중할 수 있다면, 그 순간에 고통은 없다.

지나가버린 기억이나 앞날의 불안 따위는

머무를 자리가 없으며 그러므로 나를 괴롭힐 수 없다.

산불에도
뿌리가 타지 않은 나무처럼

명상하려 눈을 감는데 순간 용서, 용서가 떠올랐다. 명상 지도자 수업 시간에 자애 명상 발원문을 읽어본 까닭이다. 참고로 여기서 '자애'는 '자비'와 비슷한 뜻이다. 나는 용서할 수 있을까? 과거에 용서하기 어려운 존재들이 있었다. 지금 내가 앉은 이곳에는 과거가 없고 나 또한 거기에 없는 걸 잘 알고 있다.

하지만 사람으로서 세상을 살아감에 있어서 결코 해서는 안 될 행위들, 용서받지 못할 일들은 분명히 존재한다. 아무리 만물이 무상하고 '나'라고 할 수 있는 고정불변의 존재는 없다고 하더라도 사회적 · 보편적으로 윤리와 상식은 지켜져야 한다. 이것은 또한 여러 철학과 종교에서 말하는 더 나은 사람이 되기 위한 첫 번째 조건인 '계율'과도 관련이 있다. 불교의 불살생, 요가의 비폭력이 모두 같은 맥락이다.

나에게 해를 끼친 존재의 행복을 바라는 일, 이 문장은 위선적이다. 다른 이에게 큰 고통을 준 존재들, 역사적으로든 아니면 지금 현실에서든 아무 맥락 없이 그들의 행복을 바라는 일은 한편으로는 무책임하고 폭력적으로 느껴진다. 잘못에 대한 대가는 반드시 치러져야 한다. 그렇지 않으면 이 세상은 모두가 서로에게 해를 끼치며 자신의 이득만을 취하며 살아가는 지옥이 될 것이다. 누군가를 해한 자는 그와 비슷하거나 더한 죗값을 치르며 그것이 잘못이었음을 알고 분명히 인정해야 한다. 그것은 죄인이 본인의 과보(果報)를 모른 채 즐거이 살아가는 일보다 그 자신의 인격적 성장은 물론 세상에 도움이 되는 훨씬 값진 일이다. 악의를 가지고 남을 해치는 한 개체의 행복과 다수의 선량한 사람들의 행복, 이 두 가지가 저울 위에 놓인다면 무엇을 구해야 할까.

그리고 이런 문제와는 별개로, 나는 용서해야 하는가? 어쩌면 내가 생사의 고리에서 벗어나지 못하도록 붙잡는 요소 중 하나가 바로 용서가 아닌가 하는 생각이 들었다. 언젠가 언뜻 본 자애 명상 발원문의 내용은 어떻게 보면 참 잔인하게 느껴져서 이때까지 별로 관심을 두지 않았다. 절대로 그럴 수 없다는 마음이 아마 바탕에 있었을 것이다. 반복된 명상으로 마음이 좀 더 확장되고 통찰의 힘이 어느 정도 생긴 지금, 낮에 본 그 구절을 마음으로 무심히 바라보고 있다.

다른 사람이나 세상을 당장 바꿀 수 없으므로 덮어놓고 나는 (아마도) 괜찮다고 정신 승리를 하는 것이 진정한 자비는 아닐 것이다. 혹은 그간 운 좋게도 딱히 용서할 만한 일이 없어서 모든 존재의 행복을 바라는 것이 진정한 자비는 아닐 것이다. 나는 아직 대자비심을 모른다.

단지 나를 위해서 용서할 수 있다. 다시는 어느 생에서라도 얽히지 않기 위해 마음속에 박힌 가시와 같은 악연을 떼어낸다. 어느 양자 역학 실험에서 세포를 이루는 작은 단위인 '전자'가 눈으로 보지 않으면 파동, 눈으로 보면 입자가 된다는 이론(파동 입자 이중성)*처럼, 그저 파동으로 지나가도록 내버려둔다. 그렇게 마음의 에너지를 낭비하지 않으며, 남아 있는 한(恨)으로 언젠가 다른 생에서 내가 해를 끼치는 존재가 될 가능성을 차단한다. 나의 원대한 목표는 가능하면 이번이 마지막 삶이 되는 것이므로 이 악감정이 원인이 되어 다시 윤회의 굴레에 떨어지지 않도록, 용서함으로써 속박에서 벗어날 것이다.

그물 속에 서로 얽히고설켜 살아가고 있는 존재들을 마음의 눈을 통해 있는 그대로 지켜본다. 식물들이 싹을 틔우고 꽃

---

* 크랩, '다른 우주에 사는 제2의 나? 양자역학 한번에 설명해드림', 과몰입 ep.7, 유튜브.

을 피우고 잎이 떨어지는 것을 있는 그대로 지켜본다. 별들이 서로 비켜가거나 부딪혀 우주가 나타나고 사라지는 것을 그대로 지켜본다. 몸속 세포가 나타나고 할 일을 다하고 소멸하는 것을 그대로 지켜본다.

업에 따른 결과가 반드시 주인을 찾아갈 것을 알기에 나는 거기에서 기꺼운 마음으로 벗어날 수 있다. 나 자신을 내가 나서서 더 괴롭히지 않을 것이다. 거대한 시련의 시간을 버티고 살아남은 나는 산불에도 뿌리가 타지 않은 나무처럼 봄의 햇볕에 새 가지와 새싹을 찬란하게 틔울 것이다. 그렇게 다시 세상을 정화하는 나무처럼, 숨을 쉴 것이다.

거대한 시련의 시간을 버티고 살아남은 나는

산불에도 뿌리가 타지 않은 나무처럼

봄의 햇볕에 새 가지와 새싹을 찬란하게 틔울 것이다.

그렇게 다시 세상을 정화하는 나무처럼, 숨을 쉴 것이다.

오래된
영혼❖

명상 914일째 40분 명상 후 일기

나는 아마도 오래된 영혼인 것 같다. 어느 영화, 드라마, 웹툰 혹은 책을 재미있게 보다가도 '다음 생에는 꼭 ~로 태어나고 싶다.'거나 '다음 생에도 만나자.'는 등의 내용이 나오면 급격하게 흥미를 잃는 걸 보면. 윤회를 믿지 않는 게 아니다. 오히려 그 반대로 이미 여러 생을 겪어온 것 같은 기시감이 든다. 그러니까 말하자면 넌더리가 난다. 아주 어릴 적에는 나의 잘못이 아

❖ 여기서 '오래된 영혼'은 직관적으로 떠오른 단어일 뿐 특정 종교 혹은 사이비와 아무런 관련이 없음을 밝힙니다.

닌 일로 죽음에 닿는 고통을 겪고 가까스로 살아난 적이 있고 (트라우마가 남았다) 그 이후엔 운 좋게 그럭저럭 잘 살아가고 있지만 모든 세상의 즐거움, 기쁨, 만족 이면에는 슬픔, 상실, 불만족이 시계추처럼 매달려 있다는 걸 알기에 마냥 좋아할 수만은 없다. 하지만 이러한 과거의 고통과 앞날의 불안이 역설적이게도 내가 지금 이 순간을 살아갈 수 있게 하는 원동력이 된다. 뼛속 깊이 파고드는 삶의 고통, 공포, 절망을 겪고 죽지 않고 살아남은 덕분에 나는 태어남과 죽음, 생에 관한 애착을 놓고 더 객관적으로 바라볼 수 있는 눈을 얻게 되었다. 만일 내가 온실 속에서 자라 아무런 어려움도 시련도 없이 살았다면 삶의 본질을 보고자 하는 동기가 없었을지 모른다. 그런데 세상에 그런 사람이 얼마나 될까? 가진 것이 많다면 잃을 것도 많다는 뜻이다. 그러니까 나는 지금 더없이 좋은 상태이다. 낙원에 있는 자는 영원한 낙원은 없다는 걸 알기 어렵다. 낙원과 지옥은 모두 내 마음에서 일어나므로, 다음 생은 정중히 사양한다.

나는 알고 보면
굉장히 큰 욕망을 가졌다

명상 45일째 8분 명상 후 일기

알고 보면 굉장히 큰 욕망을 가졌다는 것을 명상을 하면서 깨닫게 되었다. 왜 '알고 보면'이냐 하면 물질적인 것에는 크게 욕심이 없기 때문이다. 폰은 망가지기 전까지 쓰는 편이고 딱히 갖고 싶은 물건도, 옷이나 가방도 없다. 액세서리는 아예 하지 않는다(아마도 전생에 주렁주렁 치장을 많이 해서 이골이 난 게 아닐까 추정해 본다).

내 원대한 욕망은 이런 물질적인 것과 다르다. 바로 이곳을 떠나고 싶은 마음이다. 장소를 이야기하는 것이 아니다. 죽음이나 화성으로의 이주도 아니다. 이렇게 반복되는 생의 굴레, 윤회로부터의 탈출이다.

지금으로서는 이 우주에서 저 우주로 가는 것보다 멀게 느껴지는 이 꿈이 나의 오랜 열망이다. 모든 생로병사와 두려움, 욕망, 거품 같은 즐거움, 슬픔으로부터 벗어나 본질을 보려는 마음이다. 쳇바퀴에 갇힌 다람쥐처럼 '다들 그렇게 사니까'라고 순응하며 살고 싶지 않다.

그러나 이곳에서 저곳으로 가고 싶은 열망은 고통을 초래한다. 무릉도원이나 천국, 극락이 구름 뒤에 숨겨져 있는 것이 아닌데 나는 대체 어디로 가고 싶어 하는 걸까.

아무래도 물리적인 장소이든 마음이 머무는 곳이든 '여기'를 떠나야만 꿈을 이룰 수 있다는 착각에 놓여 있는 듯하다. 내가 좋아하는 밴드 자우림의 '지금이 아닌 언젠가 여기가 아닌 어딘가'라는 〈샤이닝〉 속 가사가 머리에 맴돈다. 어떤 마음으로 그런 가사가 나왔는지 절실하게 알 수 있다.

하지만 명상을 하면서 조금씩 알게 되었다. 나는 지금 이곳을 떠나서는 존재할 수 없다는 것을. 내가 머무는 장소의 공기와 마주하는 이들의 눈동자 속에 내가 있다. 매일 반복된다고 느껴지는 일상이 사실 모두 유일무이한 새로운 순간이다. 허투루 지나치지 않고 진심으로 살아갈 수 있다면. 흘러감 속에 함께 휩쓸려 가지 않고 흘러감을 알아차릴 수 있다면. 그때는 내가 그토록 도달하고 싶은 곳이 줄곧 이 자리에 있었다는 사실을 앎이 아니라 진정으로 느낄 수 있을까.

내가 머무는 장소의 공기와

마주하는 이들의 눈동자 속에 내가 있다.

매일 반복된다고 느껴지는 일상이

사실 모두 유일무이한 새로운 순간이다.

허투루 지나치지 않고 진심으로 살아갈 수 있다면.

흘러감 속에 함께 휩쓸려 가지 않고

흘러감을 알아차릴 수 있다면.

내가 어떻게 할 수 없는
과거의 고통 때문에

명상을 매일 한 지 3년이 다 되어가는 요즘, 마음이 괴로워질 때마다 그 출처를 따라가는 습관이 생겼다. 이 고통이 어디에서 온 것인지 가만히 추적해 보면 대부분은 과거에서 왔거나, 알 수 없는 앞날에 기인한 문제였다. 그러니까 먼 과거의 커다란 비극에서부터 최근에 일어난 다소 불쾌한 사건 혹은 무언가 잘못되면 일어날 수 있는 불행한 미래에 관한 추측이었다. 출처는 대개 그 두 가지로 좁혀졌고 공통점은 내가 컨트롤할 수 없다는 점이었다. 오늘의 날씨가 얼마나 쾌적한지, 지금 내 곁에 있는 사람이 얼마나 좋은 사람인지와 관계없이 과거의 무게로 오늘 나의 기분은 무겁고 하늘은 어두워지며 타인은 거슬리게 된다.

미래의 불안으로 지금의 시간은 망각되고 속은 타들어가며 옆 사람은 보이지 않게 된다. 부정적인 감정이 안개처럼 자욱하게 마음과 눈을 뒤덮게 되면, 나의 하루는 그렇게 개인적인 지옥이 되는 것이다.

그나마 다행이라면 나는 앞날에 관해서는 대체로 낙관적인 편이다. 그러므로 내 괴로움은 대부분 과거에서 온다는 걸 알게 되었다. 내가 어떻게 할 수 없는 과거의 고통 때문에 지금의 내가 불행해질 필요가 있을까? 《명상록》에서 마르쿠스 아우렐리우스가 얘기한 것처럼 '사람이 가진 것은 그리고 잃을 수 있는 것은 오직 현재뿐'이다. 이미 손 쓸 수 없는 과거의 일로 인해 오늘의 나에게 상처를 주고 있는 게 아닌지, 나아가 주변 사람들까지 아프게 하고 있진 않은지 돌아본다. 때로는 과거의 상처가 너무 크다고 느껴질 수 있다. 억지로 그 뿌리를 뽑아내려고 하거나 외면하는 건 경험상 별로 도움이 되지 않는다. 그냥 그 거대한 뿌리를 보고 그게 '거기에 있음'을 받아들인다. 물론 받아들이는 데는 시간이 필요하다. 그리고 충분히 시간을 들일 만한 가치가 있는 일이다. 내 마음속 풍경이 어떤가에 따라 내가 선 곳이 지옥이 될 수도 천국이 될 수도 있기 때문이다. 한편 이런 생각이 들었다. '나는 과거의 아픔 때문에, 아니 그 덕분에 오히려 지금 더 행복할 수 있다. 행복에도 총량이 있다면 그래야 비로소 균형이 맞으니까.'

최근 공교롭게도 명상하기 어려운 나날들 속에서 명상 책을 쓰고 있는데, 처음에는 이 상황이 참 얄궂게 느껴졌다. 하지만 어쩌면 이렇게 매일 명상을 놓지 않음으로써, 또 글쓰기 명상처럼 글을 남기면서 어려움을 타개할 힘을 기르고 있는 게 아닌가 하는 생각이 들었다. 마치 무협지에서 나오는 폭포 아래에서의 심신 수련(aka 운기조식)처럼… 당연하게도 여기는 극락이 아니기에 인생이 항상 평온할 수는 없다. 길을 걷다가 언제든 수렁이나 가파른 언덕, 커다란 바위 따위가 나올 수 있는 것이다. 그때마다 지혜롭게 나아갈 수 있도록 명상으로 마음의 힘을 기른다.

《명상록》에서 마르쿠스 아우렐리우스가

얘기한 것처럼 ‘사람이 가진 것은

그리고 잃을 수 있는 것은 오직 현재뿐’이다.

이미 손 쓸 수 없는 과거의 일로 인해

오늘의 나에게 상처를 주고 있는 게 아닌지,

나아가 주변 사람들까지

아프게 하고 있진 않은지 돌아본다.

명상이
악몽에 끼치는 영향

명상 61일째 13분 명상 후 일기

오랜만에 악몽을 꿨다. 신기한 일이다. 악몽을 '오랜만에' 꿨다는 것이 신기한 포인트이다. 나는 꿈을 유독 잘 기억하는데 대부분 악몽이었다. 오죽하면 매일 신랑이 아침 인사로 오늘은 어떤 꿈을 꿨냐고 물어볼 정도다. 신랑은 내용을 들을 때마다 대체로 웃음을 터뜨리며(?) 꿈에 대해 글을 써보거나 상담을 받아보라고 권했다. 꿈을 매일 기억하는 것도 나름 재능이 아닐까 하며 나는 자신을 위로했다.

자주 나오는 시나리오 중 하나는 어딘가(주로 학교, 회사)로 가야 하는데 교통편이 오지 않거나 찾는 옷, 필요한 물건이 없어서 온 집안을 뒤지다가 지각을 앞두고 등골이 서늘해지며 발을 동동 구르는 내용이다. 물론 다른 종류의 악몽도 간혹 꾸지만 이런 현실적인 종류의 꿈들이 왠지 더 무섭다. 아마도 나는 무의식적으로 시간 약속이나 짐을 챙기는 일에 대해 필요 이상의 강박에 시달리고 있나 보다.

그런데 요즘은 그런 꿈들을 꾸지 않은 지 꽤 되었다는 사실을 오히려 간밤의 악몽으로 인지할 수 있었다. 언제부턴가 그런 꿈이든 저런 꿈이든 꿈 자체가 기억나지 않고 아예 신경 쓰지 않게 된 것이다. 달력을 보니 오늘은 명상한 지 61일째 되는 날이다. 악몽을 꾸지 않은 것도 한 달 반쯤 된 것 같다. 매일 (대부분 좋지 않은) 꿈을 기억했던 나에겐 실로 놀라운 일이다.

어젯밤에 악몽을 꾼 이유는 명확했다. 자기 전에 본 뉴스가 불쾌했기 때문이다. 간단히 세상 돌아가는 것 좀 보려고 했던 일이 악몽을 선사했다. 더 정확하게는 어제 뉴스를 보며 내 안에 깃든 그 괴로운 감정들이 꿈으로 드러난 것이었다. 오랜만에 꿈을 꾼 덕에 그 메커니즘을 분명히 확인해볼 수 있어서 흥미로웠다.

그러고 보니 나의 별자리, MBTI, 에니어그램 등에 공통적으로 나오는 특징 중 하나가 (때로 다소 지나친) '공감 능력'이다. 즉 감정 이입을 많이 하는 편이다. 그래서 그 감정들이 내면을 온통 휘저어 괴로워질 가능성 또한 높다. 명상의 좋은 점 중 하나는 어떤 것에도 과몰입하지 않도록 중재해준다는 것이다. 누가 중재해주느냐 하면 바로 나 자신이다. '명상을 만난 내'가 감정에 의한 생채기를 완화해줄 것이다.

가 중재해주느냐 하면 바로 나 자신이다. '명상을 만난 내'가 감정에 의한 생채기를 완화해줄 것이다.

나는 알고 보니
소라게와 닮았다

수업을 앞두고 카페에서 하는 일곱 번째 명상이다. 오늘 이곳은 역대급으로 붐빈다. 대부분은 연말에 오랜만에 만난 느낌이라 웅성웅성하는 소리가 마치 명절을 앞둔 시장을 방불케 했다. 다행히 맨 구석에 자리가 나서 명상을 했다. 오는 길에 지하철에서 버스킹을 하는 예능 프로그램이 추천 영상에 있어서 보다 보니 줄줄이 몇 개 보게 되었다. 슬픈 노래 가사에는 눈물이 날 것 같았고 폭발적인 성량이 터지는 부분에서는 나도 모르게 숨을 참고 보았다.

그래서 그런지 명상을 하려고 눈을 감으니 미간이 손가락 두 개로 누르는 것처럼 아팠다. 미간이 아픈 건 보통 마스크 쓰고 물을 충분히 마시지 못한 상태에서 수업을 연속으로 하다 보면 종종 생기는 현상이었는데, 요는 산소 부족이다. 아마 노래하는 영상을 집중해서 보며 호흡을 충분히 하지 못했던 게 원인인 듯했다.

그렇게 머리가 조금 묵직하게 아픈 데다가 개인적으로 몇 가지 고민 중인 문제도 있었고 이제까지 본 중 가장 요란하고 번잡한 상황에서 이어폰으로 귀를 막고 눈을 감은 채 명상을 했다. 양손 가득 쇼핑백을 들고 어깨에 가방을 메고 있다가 머리에 이고 있던 짐까지 모두 내려놓고 바닥에 냅다 앉은 듯한 느낌이었다. 그 묘한 느낌은 쾌감에 가까웠다. 그 어떤 무거운 짐도 지금 내가 하려는 일을 막을 수 없고 그 누구도 내 바짓가랑이를 잡아 멈출 수 없다.

호흡에 집중한 상태가 이어지자 소란스러운 가운데 몸에 움직임이 점차 줄어들며 몸이 안정적이면서 동시에 한결 가볍게 느껴졌다. 주변 소음을 비롯한 몸의 감각은 이제 껍데기가 되어 나를 괴롭힐 수 없다. 문득 소라게가 떠올랐다. 빈 소라 껍데기를 찾아 집으로 삼으며 살아가는 특이한 존재. 그런데 사실 나도 별로 다를 것이 없었다.

질량 보존 법칙에 의해 이 생명 에너지가 육신의 수명이 다한다고 해서 펑 하고 터져 공중으로 사라질 리 없다. 원하는 것이 있는 한 윤회의 굴레에 갇힌 모두가 소라게와 같다는 생각이 들었다. "집 짓는 자여. 내 이제 너를 찾아내었다. 다시는 너 집을 지을 수 없으리."✢라고 선언한 붓다의 오도송(불교에서 깨달음을 얻고 지은 시를 뜻함)처럼 나도 소라게에서 '게'인 부분을 찾아 더 이상 빈 소라 껍데기를 이고 살아가지 않을 것이다. 그것은 집이 아니라 스스로 찾은 감옥이다.

명상 수업에서 자주 듣는 질문들

앉아 있으면 너무 많은 생각이 떠오르고 식은땀이 납니다

생각이 많이 떠오르는 것은 자연스러운 현상입니다. 하지만 잠시도 집중이 어려울 정도라면 평소 지나치게 많은 자극에 노출되어 있지 않은지 또는 쉼없이 활동하고 있지 않은지 나의 생활을 한번 돌아보는 것도 도움이 됩니다. 몸과 마음이 내가 원하는 대상에 머물도록 하는 건 쉽지 않은 일이며 자전거 타기나 피아노 연주처럼 처음에는 연습이 필요합니다. 긴장도가 높은 상태에서는 좌선이 어려울 수 있습니다. 우선 이완할 수 있도록 천천히 걸으면서 혹은 자리에 누워서 편안하게 숨을 마시고 내쉬는 것을 반복해보세요.

✢ 《사성제(The Four Noble Truths)》, 프란시스 스토리 저, 고요한소리, 2011

명상과
꿈의 해석

명상 68일째 6분 명상 후 일기

간밤의 꿈은 아주 괴이한 악몽이었다. 자다가 도중에 일어날 정도로 무서웠다. 그런데 아침에 잠에서 깨고 보니 왜 그런 꿈을 꿨는지 이해가 되었다. 그건 어제의 명상과 명상 후 쓴 글(직전 글, '나는 알고 보니 소라게와 닮았다') 때문이었다.

하룻밤에 두 개의 꿈을 꾸었다. 첫 번째 꿈은 이랬다. 친인척 및 지인들과 차를 타고 어디론가 가는 길이었다. 다 함께 대낮에 고속도로를 달려가고 있었다. 오징어를 먹다가 좀 거슬리는 부분이 있어서 뱉어보니 쌀알 크기만 한 그 작은 조각이 마치 산낙지의 그것처럼 꿈틀거렸다. 대수롭지 않게 차 안에 있는 비닐봉지에 버렸다. 그런데 얼마 지나지 않아 그게 조금씩 불어나는 것이 보였다. 정확히는 오징어가 형태를 복원 중이었다. 색깔은 마른오징어처럼 붉은 기가 도는 갈색이었는데 쌀알만 한 몸집이 고구마말랭이처럼 커지더니 금세 몸통 일부와 다리 네 개의 윗부분을 복원했다. 차는 어느새 목적지에 다다라 짐을 내리고 있었는데 장소는 폐교를 개조한 숙소였다. 부엌에 둔 오 징어 조각이 봉지에서 빠져나와 더 맹렬한 속도로 복원해 가며 움직이기 시작했다. 뭔가를 찾는 듯 보였는데 나를 찾고 있었 다. 다른 방으로 도망쳐도 오징어는 어느새 득달같이 쫓아왔다. 누운 상태로 말도 안 되는 속도(전광석화)로, 세로로 여러 갈래로 갈라졌다가 다시 붙기를 반복하며 나를 찾아왔다. 오징어의 두 쌍 건조한 검은 눈에서 도저히 벗어날 수 없을 것 같았다. 공포 를 느끼다가 순간 잠에서 깨었다.

아직 알람 시간까지 조금 여유가 있어서 다시 잠을 청했을 때 두 번째 꿈이 시작되었다. 연자줏빛의 목 부분이 오각형(각진 U자)으로 파인 우아한 긴팔 드레스를 입은 어느 외국 배우(케이 트 블란쳇, 참고로 내가 좋아하는 배우다)를 닮은 사람이 유럽의 어느 마을 군중들 앞 단상에 서서 말을 하고 있었다. 옷차림처럼 우 아하지만 한편 단호한 어투로 무언가를 찾아 없애야 한다고 했 던 것 같다. 여의치 않으면 유감이지만 다 없애야겠다고. 다 쓸 어버리겠다고 했다. 그러자 사람들이 불안과 공포에 휩싸여 동 요했다. 긴장감이 고조되는 순간 마침내 기상 알람이 울렸다.

알람을 끄고 자리에서 일어나 꿈을 해석해보았다. 소라게에서 '게'인 부분을 찾아 더 이상은 빈 소라 껍데기를 집으로 삼지 않을 것이라고 선언한 말에 '소라'인 부분이 반응한 것이다. 즉, 내가 지금 신세 지고 혹은 짊어지고 살고 있는 내 몸과 마음의 대답이었다.

첫 번째 꿈은 일차원적으로 내 '공포심'을 자극했다. 공포로써 너는 윤회를 벗어날 수 없으리라는 절망감을 심어주려 했던 것 같다. 꿈에서 먹다 뱉었는데 죽지 않고 형태를 복원한 그 좀비 같은 마른오징어는 윤회의 쳇바퀴를 계속 돌게 만드는 욕망이다. 이 세상의 것이 아닌 속도로 집요하게 나를 쫓아오는 오징어의 움직임은 카르마(업)이다.

두 번째 꿈은 한 차원 높게 나의 '동정심'을 자극했다. 그 마을 사람들은 다름 아닌 나의 일부였다. 내 몸의 모든 세포와 신경들이었다. 그건 무수히 반복되는 윤회의 세월 동안 겪어온 몸의 항의 혹은 다른 모든 일과 마찬가지로 내면을 다스리는 일도 평화적인 방법으로 해달라는 당부였을지 모른다. 내가 가장 비인간적이라고 느끼는 민간인 학살을 예고하는 형태로 내 몸의 세포와 신경과 그동안 이루어놓은 모든 나의 역사와 유산을 버리지 말 것을 호소하는 듯했다.

잠에서 깨어 바삐 출근 준비를 하면서도 꿈의 의미를 생각했다. 그러다 웃음이 났다. 두 번의 흉흉한 꿈에 컨디션이 좋지 않을 법한데 그 반대였다. 내면의 핵심, 어떤 '정수'가 처음으로 직관적으로 반응을 보인 것이었다. 그러니까 꿈이라는 형태로 나에게 경고장을 보낸 것이다. 이건 그만큼 나의 결심이 진실된 것이었음을 의미한다. 뿌듯한 기분이 들었다. 역시 웃음이 난다.

명상 수업에서 자주 듣는 질문들

나와 남에 대한 불만으로 힘이 들어요

내 감정의 동요를 바로 알아차리는데 명상이 확실히 도움이 되는 것 같아요. 나에 대한 감정과 타인에 대한 감정은 본질적으로는 '나의 감정'이라는 면에서 크게 다르지 않다고 느껴집니다. 나와 타인, 세상을 왜곡하지 않고 그대로 받아들이고 그대로 사랑할 수 있도록 도와주는 자애 명상을 추천합니다.

과거와 미래에 갇힌
나를 구한다

수업 전 카페에서 하는 열네 번째 명상. 어젯밤 양치를 하면서, 요즘 매일 명상을 할 때 과연 '정말로' 명상하고 있는지 의문과 함께 두려운 마음이 들었다. 그래서 오늘 명상에 앞서 또 한 번 다짐했다. 나는 이 매일의 명상을 새로운 루틴으로 받아들였지만, 이걸 당연히 여겨서는 안 된다. 눈을 감고 호흡을 보는 일을 습관처럼 하되 숙제처럼 하지는 않겠다.

'내일도 또 할 거니까'라고 오지 않은 앞날을 저당 잡아 지금의 시간을 대충 넘겨버릴 순 없다. 다른 곳이 아닌 여기 이 장소에서, 앞으로 언젠가가 아닌 지금 이 순간에 나는 들숨과 날숨으로 세상에 존재하고 있기 때문이다. 치열하고 면밀하게, 분

명하게 보아야 한다. 눈을 흐리게 하는 안개 같은 생각들을 걷어내고 나 자신의 존재를 알아차린다.

나는 과거를 헤매고 있지도, 미래에 살고 있지도 않다. 코끝에 들숨과 날숨 사이, 과거에서 오는 고통과 미래에서 오는 불안의 영원한 영사관(상영관)에 갇혀 있던 내가 비로소 보인다. 갇혀 있는 나를 구하자. 그러니 당장의 호흡보다 중요한 것은 없다.

내가 세상에 존재하는 순간은 지금이다

주로 하루의 모든 일과가 끝난 뒤 자정 즈음 명상을 하다 보니 정신은 깨어 있는데 몸이 앞뒤로 미세하게 흔들거릴 때가 있다. 어제도 그랬는데 특별히 일이 많았거나 피로한 날이면 두드러지는 현상이다. 그럴 때면 휴식이 필요하구나 알아차리고 명상을 마무리한다.

오늘로 명상을 한 지 12일째가 되는데 그다지 길지 않은 기간이지만 나에게 중요한 것은 오직 이것이 '현재 진행 중'이라는 점이다. 하루하루 명상이 이어지면서 느껴지는 변화, 무언가를 탐구하고자 하는 마음, 특정 조건에 의해 나타나거나 사라지는 내면의 현상과 몸의 반응에 대해 조금씩 데이터가 쌓이고 있다.

　한마디로 정의하자면 나 자신을 들여다보는 중이라고 할 수 있다. 베란다 화분에 수시로 물을 주고 잎이 상했는지 흙이 마르지 않았는지 들여다봐야 하는 것처럼, 나 스스로를 들여다보는 시간이 꼭 필요한 것임을 느끼고 있다. 명상을 하기 전에 나는 볕을 보지 못해 시들시들한 화초나 다름없었다. 그때의 위태롭고 고통스러운 마음 상태는 일기에 그대로 남아 있다. 시작하기에 너무 늦은 때도 너무 이른 때도 없다. 엄밀히 말해 내가 세상에 존재하는, 세상과 만나는 순간은 숨을 마시고 내쉬는 지금이기 때문이다.

세상에서
가장 현명한 사람

명상 1,219일째 50분 명상 후 일기

우리는 실의에 빠진 사람에게 조언하거나 위로할 때 세상에서 가장 현명한 사람이 될 수 있다. 너그러운 마음과 폭넓은 시야로 상황을 바라보며 응원의 말을 건넨다. 왜 그럴까? 내 일이 아니기 때문이다. 막상 나에게 동일한 일이 닥치면 대개 그 현명한 시각을 잊어버린다. 갈등이 닥치면 상대방의 허물이 먼저 보이고, 필요 이상으로 분노하거나 질투에 눈이 멀게 된다. 의도를 곡해하고 상처받거나 상처를 주게 된다. 즉, 나에게 주는 득과 실, 나의 욕망, 나의 감정에 매몰되어서 시야가 좁아지고 왜곡되기 쉽다. 나는 매일의 명상이 이런 한정되고 왜곡된 관점을 벗어나는 데 도움이 된다고 느꼈다. 내가 아끼는 사람들을 진심으로 응원하고 조언할 때 그렇듯이, 나 자신이 처한 상황을 좀 더 객관적이고 발전적인 맥락에서 보게 되는 것이다. 단번에 되지는 않지만, 조금씩 조금씩 그 굴레에서 벗어나게 될 것이다.

이처럼 가끔 발휘되는 현명함은, 상대방이 마음의 어둠에서 벗어날 수 있도록 돕는다. 우리는 누구나 완벽하지 않으므로, 누군가를 지지하고 북돋아줄 때 내가 완벽한 사람일 필요는 없다. 단지 그 순간만큼은 고뇌에 빠진 아끼는 사람을 위해, 한정적으로 세상 가장 지혜로운 '눈'이 되어주는 것이다. 그것으로 충분하다. 다른 이를 위해 출구를 향해 빛을 비추며 나도 함께 나아갈 수 있다. 사람은 홀로 태어나 홀로 떠나게 되므로 혼자인 것 같으면서도 그렇지 않다. 직접적이든 간접적이든 누구나 서로 돕고 도움 받으며, 영향을 주고받으며 살아가고 있다. 그 예로 최근 본 영화 〈퍼펙트 데이즈〉 주인공이 떠오른다. 가족과 단절된 채 홀로 살아가던 주인공에게 어느 날 조카가 불쑥 찾아온다. 왜 자기 엄마랑 친하지 않냐 묻는 조카에게 주인공은 '세상에는 다양한 세계가 존재하고, 모든 세계가 연결되어 있는 건 아니'라고 말한다. 네 엄마와 자기의 세계는 다르다고. 이때 조카가 한 말이 인상적이었는데, '그러면 나는 어떤 세계에 있냐'는 물음이었다. 조카는 두 세계를 잇는 인물이자 두 세계가 사실은 '연결되어 있음'을 상징하는 존재라고 나는 느꼈다.

그러므로 아무리 동떨어져 있는 것 같아도 우리는 혼자가 아니다. 내가 지금 여기에 있기까지 도움을 주고 영향을 (반면교사라도) 주었던 모든 이들에게 감사하는 마음으로, 오늘도 명상한다.

내가
자화상을 그리는 이유

내가 자화상을 그리는 이유

종이와 연필과 펜의 고요한 세계에 나를 새겨서 띄워보낸다.

오늘도 그림을 그렸다. 그림을 그리면 행복하다. 아마도 명상의 원리와 비슷한 이유인 것 같다. 손에 쥔 연필이나 펜 끝의 방향을 컨트롤하는 데 온 마음과 얼굴을 집중하고 있으면 복잡한 머릿속이 '휴지통 비우기'를 한 것처럼 되기 때문이다. 그전에 얼마나 하루가 힘들었는지와 관계없이, 나아가 지난날들이 얼마나 고되었는가와 상관없이 지금은 빈 종이에 그림을 그리려는 손과 그 끝에서 그려지는 선만이 존재하기 때문이다.

그림이라는 건 생각해 보면 참 희한하다. 그저 평평한 면에 점과 선을 이어 나갈 뿐인데 그것들은 그리려는 사람의 의도에 의해 저마다 형태와 의미를 갖게 되며 그렇게 일종의 '생명력'을 나눠 갖게 된다.

그래서일까, 자화상을 그려 놓으면 (실력이 좋지 않아서 별로 닮지는 않았어도) 그것 또한 다른 차원의 나라고 느껴진다. 종이와 연필과 펜의 고요한 세계에 나를 새겨서 떠워보낸다. 어쩌면 무의식적으로 마치 '만트라✤'를 반복하며 외듯이, 나는 자화상을 계속 그려내고 있는 건지도 모른다.

✤ 불교나 힌두교에서 기도나 명상 때 외우는 주문 또는 주술

태양의 플레어와
마음 관찰

명상 1,092일째 25분 명상 후 일기

최근 자영업 관련 큰 이슈를 겪으면서 참 여러 가지 심리적이고 신체적인 체험을 하고 있다. 모든 면에서 '명상'이나 '평온'이라는 단어들과 대척점에 있는 이 부정적인 경험들로 인해 역설적이게도 내면의 세계를, 마음의 작동 방식을 들여다볼 수 있었다. 마치 태양 표면에서 발생하는 강력한 플레어(또는 흑점 폭발)로 태양의 활동 주기를 관측하듯이 이런 강렬한 감정들의 발현으로 내 마음의 행동 양식을 관찰한다.

울컥 올라오는 화로 인해 갈비뼈 위쪽에 통증이 생겼고, 한쪽 귀에서 가끔 이명이 들렸다. 속이 좋지 않아 아무것도 먹고 싶지 않다가도 초콜릿 음료와 초콜릿, 초코케이크를 동시에 먹거나 야밤에 토핑을 묵직하게 얹은 요거트 아이스크림을 주문하는 등 스트레스성 폭식을 하게 되었다. 커다란 분노, 후회와 원망, 괜찮다가도 한 번씩 확 수면으로 떠오르는 그런 감정들로 인해 나의 일상이 조금씩 멍들어가고 있었다.

분노와 후회와 원망이 휩쓸고 간 자리에 들어선 감정은 조금 새로운 것이었는데, 바로 무기력함과 우울함이었다. 그리고 곧 분노보다도 무기력함이 더 강하다는 걸 알 수 있었다. 문제를 해결하기 위해 이리 뛰고 저리 뛰는 날들이 계속되며 나는 지쳤던 것 같다. 아무리 화가 날 때도 어쨌든 겉으로는 이어졌던 일상과 소소한 루틴들에 무기력함이 끼어들며 균열이 갔다. 나는 밤늦게 수업이 끝나는 날을 제외하곤 항상 저녁 식사 후 꼭 산책을 하고 씻고 요가와 명상을 하곤 했는데 요즘에는 그 모든 것이 귀찮아졌다. 밥을 먹고 싶지 않았고, 먹었어도 나가고 싶지 않았고 씻고 싶지 않았다. 이때 알 수 있었다. '아, 이게 무기력함이구나.'

나아가서 지금 나의 일을 이어가려는 마음, 대안을 찾으려는 노력이 왠지 헛수고처럼 느껴졌다. 무기력함은 앞날에 관해선 늘 낙관적이었던 성향마저 침범했다. 언젠가 관심 있는 분야를 더 공부해보고 싶다는 생각, 배움에 대한 열정도 희미해졌다. 그냥 그 모든 것에 들어가는 시간, 돈, 에너지가 버겁게 느껴졌다. 다 놓아버리고 싶었다. 이때 알았다. '아, 이게 우울함이구

나.'

문득 이게 다 무슨 소용인가 싶었다. 빈손으로 왔다가 빈손으로 가는 인생, 너도 나도 못난 사람도 잘난 사람도 가난한 사람도 부자인 사람도 모두 태어나서 늙고 병들고 언젠가 떠나야 한다는 건 매한가지인데 뭐가 그렇게 다르다고 이렇게 아등바등하며 서로 다투며 살아야 하나 하는 생각이 들었다. 이건 무기력함과 우울함이 마음을 장악하며 떠오른 생각이지만 한편으로는 틀린 말은 아니다. 특정 대상에 사로잡혀 괴로워하던 마음을 탁 놓아버림으로써 잠시 꺼낼 수 있다면, 그렇다면 이건 오히려 무기력함과 우울함의 긍정적인 측면이 아닐까?

그 순간 신기하게도 마음이 편안해졌다. 마치 죽어 있던 마음에 누군가 새로운 숨을 불어넣은 것처럼. 전투가 길어지면 지치는 건 당연하다. 하지만 어쩌면 처음부터 이건 전투가 아닐지도 모른다. 그냥 모두가 각자의 몫을 짊어진 채 살아가고 있을 뿐. 언젠가는 이 무거운 짐을 내려놓을 수 있기를 바라며 들숨·날숨을 천천히 내쉬어본다.

마음의 어둠을 몰아내는 명상

①글 명상

명상에는 정말 다양한 방법이 있죠. 그중에 기본적인 호흡 명상을 제외하고 딱 하나만 고를 수 있다면 저는 글 명상을 고르겠습니다. 글 명상 혹은 글쓰기 명상은 특히 마음이 괴로울 때, 구렁텅이에 빠진 듯한 상태일 때 강력한 치유 효과를 발휘한다는 걸 느낍니다. 사실은 이 책 자체가 바로 제 글 명상이나 다름없습니다. 하필 개인적으로 상황이 좋지 않은 무렵에 이 책의 초안을 완성하면서 질풍노도 같은 (사춘기도 한참 지난 마당에…) 심적 변화를 겪었는데요, 오히려 그래서 더 생생한 마음 탐구가 가능하지 않았나 싶습니다.

돌아보면 저는 매일 명상을 본격적으로 시작하기 전부터 이미 글 명상을 해온 것 같아요. 코로나 팬데믹으로 모든 요가 수업이 중단되었던 시절에 시를 썼습니다. 대체로 슬프고 외롭고 추운 느낌이었지만, 한편으로는 겨울에 땅속에서 잠든 씨앗처럼 안에는 희망을 품은 시를 썼습니다. 글을 통해 당시 느꼈던 괴로운 감정들을 풀어놓으며 갑갑한 마음이 조금 후련해졌고, 오래 절망하지 않고 앞으로 나아갈 힘을 얻을 수 있었던 것 같습니다. 글 명상은 글 쓰는 걸 딱히 좋아하지 않더라도 충분히 시도해볼 만한 가치가 있다고 생각해요.

다음은 수업에서 나온 참여자들의 소감입니다.

"과거 힘들었던 순간에 읽고 큰 용기를 얻은 글이 떠올랐습니다. 글은 그냥 흰 종이에 글자처럼 보이지만, 누군가에게는 어쩌면 어둠을 헤쳐나갈 수 있게 하는 유일한 등대가 아닌가 싶었어요."

"글 자료 중에 함께 읽은 시에 담긴 언어가 별처럼 반짝이며 마음에 와 박혔습니다."

저는 글 명상을 지도할 때 아래와 같이 준비하곤 합니다.

글 명상 해보기

1) 좋아하는 글(시, 소설, 수필, 노래 가사, 영화나 드라마 대사, 격언 등)을 5~6편 정도 모아서 소리 내어 읽어봅니다. 이때 가능하면 긍정적인 메시지를 주는 내용, 고귀한 마음이 담긴 내용으로 준비합니다.

2) 그중 특히 마음에 와닿는 한두 편의 글을 택해서 필사,

즉 종이에 적어봅니다.

3) 필사한 글과 관련된 주제, 혹은 다른 주제로 창작을 해
   봅니다. 이때 글은 시, 일기, 한 마디 대사 등 어떤 형태
   로도 좋습니다.

4) 내가 쓴 글을 한번 읽어봅니다. 함께 한 사람이 있다면
   서로의 글을 공유해도 좋고 또는 그냥 오늘 명상의 소감
   을 나누어봅니다.

마음만은 문학소녀인 저는 글 명상을 준비하며 필사할 만
한 글을 찾는 과정에서부터 행복을 느꼈습니다. 기억에 남은 좋
은 글이 많기도 하고, 어릴 적 읽은 책이든 최근에 본 영화든 마
음에 울림이 있는 글을 다시 꺼내보고 또 이를 사람들과 공유하
는 건 참 아름답고 멋진 일입니다. 참고로 저는 불교 신자지만
가능하면 한 가지 주제나 특정 종교에 국한되지 않고 보편적인
가치를 느낄 수 있는 좋은 글들을 찾고자 했습니다. 그 예로 톨
스토이《사람은 무엇으로 사는가》, 윤동주 〈서시〉, 김종삼 〈누군
가 나에게 물었다〉, 천상병 〈귀천〉, 윌리엄 버틀러 예이츠 〈하늘
의 천〉, 붓다《숫타니파타》중 〈무쏘의 뿔처럼 혼자서 가라〉, 아
빌라의 성녀 대 데레사의 기도 〈아무것도 너를〉, 파드마 삼바바
《티벳 사자의 서》, 헤르만 헤세《데미안》, 톰 슐만《죽은 시인의
사회》등이 있습니다.

몸의
통증 완화하기

.5.

현 자세 변형 자화상

평소에 잘 쓰지 않는 방향으로 몸을 펼쳐봅니다.
무의식적으로 휩쓸려 가는 마음을 멈추듯이.

"앉아 있는 게 너무 어려워요."
처음엔 너무 길지 않게, 바른 자세로 앉아 꾸준히 해보시면 몸이 기억
(muscle memory, 체화)하며 점차 익숙해질 거예요. 그리고 무엇보다도
척주기립근, 하체 힘을 기를 수 있도록 요가나 운동을 병행하시는 게 좋
습니다.

통증의 한가운데에서
명상을 외치다*

오늘로 명상 89일째, 그리고 내 기억이 맞는다면 명상을 시작한 이래로 두 번째 아픈 날이다. 오전 강의 무렵부터 컨디션이 좋지 않더니 늦은 오후부터 머리가 묵직하게 아프면서 속이 메슥거렸다. 가끔 체하면서 머리가 아플 때가 있는데, 요가를 시작하고 나서는 그 횟수가 4분의 1 정도로 줄어들었다. 그러나 이번 주에는 고민할 일도 있고 늘 새벽 두 시가 넘어서 자서 그런지 오늘이 바로 그런 날이었다. 결국, 체증과 두통이 심해 저녁

* 이 글은 '통증을 견디자'는 내용이 아닙니다. 의학적 혹은 실질적인 조치를 취하는 것과 별개로 통증이 가시기 전 앓는 상태에서 명상이 통증 경감에 미치는 영향에 관한 저의 실제 경험입니다.

을 굶었다.

하지만 마지막에 비슷한 이유로 아팠을 때와 아예 명상을 시작하기 전에 아팠을 때와 비교해 보면 분명 차이가 있었다. 각각의 이벤트를 이어서 그래프를 그려 보면 계단식으로 점점 상태가 호전되었다. 참고로 학생 때부터 체하는 일이 종종 있다 보니 병원, 약국, 한의원 등등 살면서 여러 곳을 가보고 여러 가지 처방을 해보다가 그나마 나에게 가장 효과가 있는 방법(사혈침 또는 손 마사지)으로 조치하고 있다. 여기서 이야기하고자 하는 것은 그냥 통증을 견디자는 것이 결코 아니다. 의학적 혹은 실질적인 조치 과정과 그 이후를 모두 포함해서, 어쨌든 고통이 다 잡히지 않은 상태에서 명상이 통증 경감에 미치는 효과에 관한 나의 실제 경험이다.

우선 명상을 시작하기 전에는 마치 짐승처럼 앓았다. 무슨 말이냐 하면 통증이 있을 때는 제대로 된 사고를 하고 일상적인 일을 할 수 없을 정도였다. 침대에 눕거나 의자에 앉지도 못하고 마룻바닥에 담요를 두르고 웅크린 채, 가만히 있어도 아파서 다친 사슴처럼 고통에 몸부림쳤다. 통증이 온몸과 정신을 잠식한 상태였다. 본격적으로 요가를 시작하기 전, 그러니까 회사에 다닐 적엔 상태가 더욱 심각해서 응급실에도 실려갔다(그러나 정기적인 건강검진과 관련 검사에서는 별문제가 없었다…).

그런데 명상을 시작한 이후 체해서 힘들었을 때는 처음으로 고통의 한가운데에서 호흡을 보고자 했다. 그냥 숨을 쉬어야 겠다는 일념으로 거칠더라도 어떻게든 숨을 쉬었다. 그러면서 점차 바닥에 웅크린 자세 이외에 앉거나 설 수 있었고, 앓는 소리 이외에 대화도 어느 정도 할 수 있었다. 그렇게 통증에 잠식 당한 몸을 조금 건져 올렸다. 아마도 고통에 예리하게 반응하는 감각에만 온통 뻗쳐 있던 신경을 코끝 숨이라는 다른 대상으로 돌린 것이 유효했던 것 같다.

그리고 다시 오늘, 통증은 여전히 무겁고 괴로웠지만, 확실히 전만큼 집요하게 나를 붙잡지는 못했다. 이번에는 호흡을 보는 것과 더불어 조금 더 적극적으로 상태를 낫게 하려고 몸을 움직였다. 지압 슬리퍼를 신고 천천히 걸으면서 두 손으로 목 뒤쪽을 받쳐 약간의 압력을 가했다. 따뜻한 물을 마시고 창문을 열어 차가운 공기를 쐬기도 하며 그 모든 과정에서 중간중간 숨을 쉬려고 했다. 그리고 앓는 것, 말하는 것을 넘어 농담하거나 웃을 수도 있었다.

돌이켜보면 통증의 정도는 크게 차이가 나지 않았지만, 그것에 대한 반응이 각각 다른 결과를 도출해냈다. 전에는 아프다는 느낌에만 모든 신경을 쏟아서 확성기를 틀어놓은 것처럼 고통이 세포마다 크게 울려 퍼졌다. 마치 통증의 숙주가 된 것 같았다. 그러나 명상을 시작한 후 호흡을, 몸이 아플수록 짧아지고 약해지는 호흡을 보려고 하자 작지만 나를 살리기에 충분한 변화들이 일어났다. 물줄기를 바꾸듯이 쉽지 않은 일이지만 마음이 무엇에 집중하는가에 따라 통증은 분명 완화될 수 있다는 걸 생생하게 느꼈다.

정말 아플 땐 누가 대신 겪어줄 수도 없는 일이며 나 자신과 세상이 싫어지기도 한다. 하지만 고통에 온전히 잠식당하지 않고 의식의 밧줄을 잡을 수 있다면, 나는 버틸 수 있을 것이다. 호흡이라는 밧줄이 한 줄기 빛처럼 내려와 고통의 바다에서 나를 벗어나게 할 것이다.

명상이
늘 잘 되는 것은 아니다

명상 906일째 20분 명상 후 일기

명상이 늘 잘 되는 것은 아니다. 누적된 날들만큼, 그러니까 마치 게임처럼 레벨 업 할 것 같지만 꼭 그렇지도 않다. 지난번에는 꽤 순조로운 명상 후 며칠 잠을 설치더니 이번에는 명상 중에 몰려오는 졸음에 집중하는 데 애를 먹었다. 코끝 호흡, 복부 관찰, 끝으로는 만트라 명상을 하며 다양한 방패로 졸음을 막아 보았는데 쉽지 않았다. 아, 그리고 알았다. 내 몸을 '적'으로 여기면 안 된다는 걸. 아마도 절대적인 휴일 부족으로 피로가 누적된 것을 느끼고 모든 방패를 내려놓고 사바 아사나를 하기로 했다. 그리고 보니 나는 2018년부터 요가를 지도했지만 정작 내가 가장 중요한 부분이라고 여기는 마지막 '이완', 즉 사바 아사나(송장 자세)를 직접 한 적은 손에 꼽았다. 늘 수업 마무리 단계에서는 블라인드를 내리거나 커튼을 닫고 불을 끄거나 사람들에게 담요를 덮어주고 주로 앉아 있었다. 수업 내내 말을 하면서 모든 아사나(요가 자세)를 한 뒤, '이완' 단계를 나에게는 생략했던 것이다. 그렇게 귀한 사바 아사나를 하며 누워 있는 동안 몸의 모든 부분이 비로소 긴장을 푸는 게 느껴졌다. 꿀 같은 휴식을 달가워하는 건 몸의 근육들만이 아니었다. 머리도 해야 하는 일들, 온갖 계획과 걱정, 생각들에서 벗어나 단지 쉼을 기쁘게 받아들였다. 아무리 견고한 기계도 계속 돌리면 과열되거나 망가질 수 있는데 하물며 나는 그냥 사람이다. 때로는 반드시 휴식이 필요한. 이 몸과 마음을 귀하게 여기며 잘 다독이며 끝까지 나아갈 것이다. 모든 조건을 부수는 날까지, 잘 부탁해.

눈을 감으니
내가 더 잘 보였다

수업 전 카페에서 하는 두 번째 명상이다. 이번에는 가장 구석자리에 폭신한 의자라는 점이 달랐다. 겉으로 보기에 좀 더 유리한 조건이었는데 역시나 그간 경험한 바와 같이 그런 특정 조건이 명상의 질과 바로 연결되는 것은 아니었다.

연말을 앞두고 센터 회원들께 나눠드릴 작은 선물을 고민하느라 하루 종일 온갖 사이트와 블로그를 넘나들며 검색을 했더니 눈이 뻑뻑했다. 눈을 감으니 웹 서핑을 하면서 미처 인지하지 못했던 눈의 건조함이 비로소 느껴졌다. 영하로 떨어진 기온에 대중교통을 비롯한 내가 거쳐 가는 모든 건물에서 열심히 히터를 가동 중이어서 더욱 눈이 건조했다.

감은 눈 사이로 눈을 보호하려고 나온 물기가 느껴졌다. 스마트폰을 들고 있느라 고생한 팔꿈치와 어깨의 감각이 느껴졌다. 지금 해야 하는, 하고 싶은, 하고 있는 모든 것을 잠시 멈추는 일은 어쩌면 역설적이게도 나에게 가장 필요한 행위인지 모른다.

눈의 점막을 덮은 눈물 한 방울 같은 몸의 아주 작은 부분부터 등의 반을 덮은 넓은 승모근에 이르기까지 내가 더 잘 보였다.

미안한 마음으로 머리끝부터 발끝까지, 안에서 밖까지, 마음에서 머리까지 복합적으로 이루어진 하나의 우주와 같은 존재를 느낀다. 섬세하고 수많은 갈래로 펼쳐진 몸속 신경계와 같이 이 세상 속에 얽혀 있는 무수한 존재를 떠올린다.

좋은 원인을
제공하는 것

명상 915일째 18분 명상 후 일기

최근에 숨쉬기가 매우 편안한 상태가 주욱 이어지다가 오늘은 비염 증세가 재발했는데, 이에 수면과 면역계의 밀접한 관계를 몸소 느낄 수 있었다. 어젯밤 새벽까지 동국대 명상 지도자 과정 실습 강의 자료를 만드느라 평소보다 (원래도 일찍 자는 편이 아님) 더 늦게 잠든 탓인 것 같다. 또 한편으로는 스트레스 그리고 환경이 면역계에 미치는 영향도 생각해보게 되었다. 그도 그럴 것이 얼마 전 남쪽에 있는 지역에 잠시 다녀올 일이 있었는데 그때에도 호흡기가 아주 쾌적한 상태였기 때문이다. 반면 신랑은 꽃가루 알레르기가 있어서 몇 번 재채기를 했다. 재채기하는 쪽은 보통 나였기 때문에 우리는 이 현상에 관해 이야기를 나누었다. 나는 여기가 서울에 비해 공기가 훨씬 깨끗하기 때문이 아닌가 생각했고 신랑은 아마 내가 휴일이라 스트레스를 안 받아서 그런 게 아닌가 추측했다. 명확히 원인을 집어낼 순 없겠지만 이처럼 몸의 상태는 주변 여러 요인에 의해 쉽게 변할 수 있다. 다만 내가 할 수 있는 것은 좋은 원인을 제공하는 것, 그뿐이라는 생각이 들었다. 그것이 마음에 관한 문제이든 몸의 건강에 관한 것이든. 그러므로 오늘 종종 튀어나오는 재채기와 훌쩍임을 겸허하게 받아들인다. 수면으로 회복할 수 있는 시간을 PPT 만드는 데 쓴 나의 탓임을.

이번 주 강의 주제는 자애 명상인데, 지난 학기에는 자애 명상은 교재만 참고하고 자료는 따로 만들지 않았지만, 지난번에 한 분이 수업 후 자애심과 자비심을 느끼는 건 어떻게 하는 거냐고 묻는 바람에 따로 자료를 만들 필요성을 느꼈다. 자애 명상은 가장 중요한 명상 중 하나이고, 어떻게 보면 홀로 명상 수행을 하는 시간이 길어질수록 놓칠 수 있는 자비심과 자애심을, 즉 사랑을 되새길 수 있는 명상이다. 하지만 또한 가장 말로써 설명이 어려운 명상법이기도 하다. 직접 느껴야 하기 때문이다. 그래서 자비심과 자애심에 관한 간단한 설명과 함께 내가 자애심을 느낀 몇 가지 사례(보고 들은 일화, 책의 구절, 노래 가사 등)를 소개하며 좀 더 쉽게 이해할 수 있도록 자료를 만들었다. 아직 몇 가지 수정할 부분이 있지만 어제 거의 완성했다. 이런 자료들은 내가 곧 쓸 책에도 주요한 밑바탕이 될 것이다.

어쩌면 자애 명상이 어려운 이유는 나도 아직 대자비심을 모르기 때문일 것이다. 고승이나 성인군자와 같은 자비심은 아니더라도 나와 아무런 관련이 없어 보이는 사람이나 동물 나아가 모든 생명이 안온하길 바라는 마음으로, 그들이 즐거워하는 모습이 흐뭇하게 느껴진다면 그게 바로 자애 명상의 실마리가 아닐까. 매일의 수행에서 나뿐만 아니라 모든 세상의 중생들이 고통에서 벗어나기를, 그런 마음을 더해 보아야겠다. 이런 마음이 저절로 일어난 것에 감사하며, '중생아 사랑해.'(feat. 뉴진스님)

나의 호흡과 지구의 호흡

오늘 호흡 명상을 하며 이 지구는 지금 '숨'을 제대로 쉬고 있나 하는 생각이 떠올랐다. 점점 이상하게 변해가는 날씨를 보면 전혀 그렇지 못하다는 걸 알 수 있다. 지구온난화로 인하여 지구 대기 활동의 주요하고 큰 흐름, 그러니까 숨과 같은 '제트 기류'가 약해진 탓에 북쪽에 갇혀 있던 매서운 찬 공기가 그대로 중위도에 위치한 우리나라와 미국으로 내려오고 있었다. 2022년 우리나라에서 구글에서 가장 많이 검색된 단어가 '기후 변화'라던데, 그도 그럴 것이 요즘 전 세계에서 일어나고 있는 기상 이변 현상들은 무서울 정도이다. 초등학교 때 환경 글짓기 대회에서 '이렇게 아무리 환경을 살려야 한다는 내용의 글을 써도 막상 실생활에서 실천하지 않으면 아무 소용이 없다'라는 식의 단호한 논조로 글을 썼던 기억이 난다. 이후 대단한 것은 아니지만, 생활 속에서 할 수 있는 일들을 소소하게 실천해왔다. 예를 들면 텀블러와 접이식 장바구니를 늘 챙겨 다니고 중학교 때 산 옷들도 아직 입는다. 페트병 사용을 줄이고 전기 에너지를 절감하는 친환경 주전자형 정수기를 쓴다. 대중교통을 이용하는 뚜벅이이며 사막에 나무를 심으러 가기도 했다.

그러나 요즘의 상황을 보면 뭔가 더 해야 했지 않았나 싶은 생각이 든다. 세계의 온갖 환경 보호 단체들과 깨어 있는 사람들의 노력에도 불구하고 지구의 상태는 급속도로 악화되는 것이 보인다. 지난 2022년 크리스마스 무렵, 미국 뉴욕을 비롯해 중서부 몇몇 주에 '폭탄 사이클론'이라는 거센 눈 폭풍이 불어닥치고 최저 기온이 영하 48도까지 떨어져 인명피해가 많이 발생했다는 뉴스를 보았다. 비슷한 시기에 일본에 2m의 기록적인 폭설이 왔고, 제주도 역시 폭설로 인해 한동안 공항이 폐쇄되었다. 반면 유럽은 영상 25도까지 기온이 오르는 등 겨울답지 않은 이상 고온 현상으로 인해 자연 스키장으로 유명한 몇몇 산지에서 전혀 눈을 찾아볼 수 없었다고 했다. 그리고 작년에 본 몇 가지 다큐와 뉴스에 의하면 자연 순환계의 핵심과도 같은 '벌'과 '새'들이 눈에 띄게 사라지고 있다고 했다.

문득 지구가 탄생하고 가장 먼저 생겨난 식물들, 나무들은 이 행성의 앞날을 알 수 있을까 궁금하다. 만일 지구가 생명체라면 식물들은 '폐'이다. 지구의 공기와 물은 몸속 산소이고 혈액이다. 식물들은 물 밑에서 그리고 땅 위에서 끊임없이 정화 작용을 하며 지구의 대기와 토양, 수질을 살리고 있는데, 요즘에는 그 속도가 환경오염이라는 병이 진행되는 속도를 따라가기 어려운 것처럼 느껴진다.

병의 원인을 제공한 인간이라는 개체 중 하나로서 괴로운 마음이다. 원인 제공자가 책임을 져야 하는 게 순리인데 우리는 과연 지구가 한계에 이르기 전까지 그 책임을 다해서 우리 자신과 자연을, 함께 고통받고 있는 애먼 동식물들을 살릴 수 있을까. 그 답은 알 수 없지만 살아있는 동안은 최선을 다해야 할 것 같다. 지구가 계속 숨 쉴 수 있도록.

그릇에
금이 난 것을 붙이듯이

수업 전 카페에서 하는 열여섯 번째 명상이다. 일기가 쌓이는 속도에 비해 그림은 그렇지 못해서 요즘 맹렬히 그림을 그렸더니 몸에 부담이 왔는지 어젯밤부터 목이랑 어깨에 담이 왔다. 자기 전에 플랭크를 하고 머리서기, 어깨서기, 브릿지 자세 후에 우르드바 다누라를 하는데 오른쪽 어깨가 갑자기 불편하더니 근육이나 인대가 꼬였는지 아니면 휴화산처럼 잠들어 있던 경추 디스크(회사 다닐 때 경추·요추 디스크 문제가 있었음)가 잠시 위치를 벗어나면서 신경이 눌린 건지 좌우지간 담이 와버렸다. 확실히 요가를 하면서부터 현저히 줄어들긴 했지만, 가끔 스트레스를 받거나 잘못된 자세(그림 그리기, 스마트폰 오래 들고 보기 등)로 오래 있다 보면 생길 수 있는 증상이다.

'그래, 머무르는 동안 불편함 없이 네 집처럼 있다가 가라.' 는 마음으로 승모근과 목 뒤쪽 척주기립근이 만나는 지점에 작은 파스를 붙이고 조심조심 목을 움직여가며 별수 없이 수업을 여러 개 하는 중이다.

예전엔 이 상태를 어떻게 다루어야 하는지 몰라 과격하게 이리저리 움직이다가 더 꼬여서 풀리지 않는 이어폰 끈처럼 통증이 악화되곤 했다. 담이 심하게 걸리면 흉부 근육까지 굳어지면서 숨을 쉬는 것도 버거워진다. 그리고 아픈 감각에는 짝꿍처럼 '신경질'이 따라와서 불난 집에 부채질하듯 자신을 스스로 암흑의 컨디션으로 몰아넣는 데 기여하곤 했다. 마치 금이 간 그릇을 확 떨어트려 깨뜨려버리듯이. 아마 신경질이 스트레스 호르몬을 더 생성하는데 박차를 가하지 않았나 싶다. 그래도 이제는 조금 요령이 생겨서 통증이 더 퍼지지 않도록 조심스레 일정을 소화하는 법을 익혔다. 그릇을 살살 들어서 옮기고 금이 간 부분을 이어 붙이고 말려준다. 나는 이 그릇을 오래 쓸 것이다.

그동안 이 증세를 다뤄온 경험에 호흡 명상 습관으로 인한 침착함이 한 스푼 추가되면서 한결 지낼 만한 조건을 만들어냈다는 점이 놀랍다. 아직 어깨가 뻐근하고 수업이 남아 있지만 그래도 괜찮을 것 같다.

나는 지금
숨을 잘 쉬고 있나

명상 지도자 수업에서의 실습 시간에, 내가 지도하는 요가 수업 시간에, 그리고 집에서 홀로 요가 수련을 하면서 명상의 일환으로 움직임 자체에 집중해보았다. 어느 정도 익숙한 정적 명상과 지난번에 처음 시도한 음악 명상에 이어 요즘 들어 필요성을 느끼고 있던 동적인 명상(움직임 명상)을 해본 것이다. 이윽고 알게 되었다. 나는 움직임 명상을 이미 하고 있었다는 사실을.

직업으로써 요가를 가르치고 있는 내게 모든 수업 시간은 움직임 명상이었다. 나는 수업에서 자세를 설명하며 코로 숨을 마시고 내쉬는 타이밍을 늘 알려주는 편이다. 이를테면 숨을 마시고 내쉬며 머리를 뒤로 젖히고, 숨을 깊이 마신 상태에서 상체를 앞으로 기울였다가 내쉬며 완전히 숙이는 식이다. 처음에 앉아서 호흡 명상(들숨·날숨 알아차림)으로 시작하여 마무리 자세인 사바 아사나(송장 자세)에 이르기까지 시연을 하며 함께 호흡한다. 아사나를 유지하는 동안에는 각자 숨 쉬는 속도가 다를 수 있으므로 언제 마시고 내쉴지 알려주는 대신 호흡을 잊지 않도록 강조한다.

　몇 년 전에 요가 해부학 전문 과정을 수료했기에 나는 어떻게 숨을 쉬는 것이 호흡기를 비롯한 몸의 건강에 이로운지, 왜 그러한지 잘 알고 있다. 입으로 쉬는 것보다는 코로 숨 쉬는 것이, 그리고 소리를 내는 것보단 소리가 나지 않게 숨 쉬는 것이 더 이롭다. 이 유익하지만 사람들이 관심을 두지 않거나 의외로 잘 모르는 지식을 강좌 시간마다 수시로 공유하고 있다.

　그런데 '이것은 움직임 명상이다'라고 마음에 새긴 후 수업을 하고부터 발견하게 된 점이 하나 있었다. 강의를 하다 보면, 특히 수업이 많은 날에는 호흡이 딸리면서 두통이 느껴질 때가 있었는데, 그것은 바로 내가 호흡을 내가 아는 것처럼 제대로 하지 못했기 때문이다. 물론 하루에 몇 시간 동안 여러 가지 동작을 하면서 동시에 끊임없이 말을 하고 있으므로, 입을 다물고 코로 쉬는 숨에만 집중하는 것에 비해 호흡이 원활하지 않은 건 어찌 보면 당연한 일일 수 있다. 하지만 그렇다고 나 자신의 숨과 건강을 지나치게 타협하고 있지는 않았나 돌아보게 되었다. 불가피해 보이는 상황일지라도 잘 들여다보면 차선책은 있을 수 있다. 요가를 지도하며 말을 평소보다 천천히 하고 단어 사이에 공백을 좀 두더라도 나의 들숨과 날숨을 하나라도 더 챙겨보고자 했다. 그렇게 한 결과 목이 바싹 마르고 후두부 또는 미간이 묵직하게 아픈 증세가 완화되었다.

그 누구도 대신 살아줄 수 없고 이번 생의 끝까지 함께 가야 하는 내 몸을 들여다본다. 이러저러한 사정이 있었다고 해서 불편한 상태로 둔 것이 저절로 상쇄되지 않는다. 올바른 결과를 이끌어내도록 올바른 노력을 기울여야겠다고 다짐해 본다.

명상과 숙면의
조건

평소 자기 전에 명상을 할 때는 시간을 정하지 않고 눈이 저절로 떠지는 순간까지만 하는 편이다. 근데 얼마 전 센터에서 모처럼 긴 시간 명상을 하고 좋았던 기억으로 일부러 자기 전에 앉는 시간을 좀 더 늘려보고자 했다. 그게 화근이었을까? 장시간 좌선을 하고는 그날 잠을 설쳤다. 그다음 날도 마찬가지였다. 약간의 비염 증세, 비 오기 전날의 저기압, 늘어난 좌선 시간, 비례해서 늘어난 근력 운동 시간. 이렇게 용의자… 아니, 원인이 추려졌다. 이 중에 어떤 것이 문제였을까? 운 좋게도 불면과는 아주 거리가 먼 나인데, 마음이 초조해졌다. 아니, 어쩌면 바쁜 일정과 그에 따른 압박감으로 최근 케이크, 아이스크림 등

단 음식을 달고 살아서 그랬는지도 모르겠다. 모든 것의 원인을 정확히 특정하는 건 어려울 수 있지만 추측해볼 수는 있다. 신랑은 나처럼 모든 일의 원인을 찾고자 하는 사람은 태어나 처음 봤다며 신기해한다. 상황을 종합해서 나는 이렇게 결론 내렸다. 바쁜 스케줄이 스트레스 반응을 일으켰고, 그것이 뇌에서 당(혹은 쾌락)을 갈구해서 일을 마치고 늦은 시각임에도 불구하고 다소 묵직한 초코케이크를 먹게 되었고, 거기서 일어난 죄책감에 평소보다 더 많은 시간을 할애해서 달밤에 근력 운동(요가 및 매트 운동)을 해서 몸에 열을 내고 교감신경을 활성화했다. 화룡점정으로 며칠 전 장시간 명상에 대한 긍정적인 기억으로 이미 늦은 새벽 평소보다 긴 시간을 꼿꼿이 앉아 좌선했다. 뇌 청소 및 몸을 회복할 수 있는 적정 수면 시간을 넘긴 상태라 면역이 저하되어 비염 증세가 나타났고, 결국은 우세한 교감신경으로 인한 흥분, 과도한 당 섭취로 인한 각성, 오랜 좌선으로 깨어난 정신과 찌뿌듯한 혈액 순환 상태 등 이 모두의 환장의 콜라보가 나에게 보기 드문 불면을 일으킨 것이다.

하나하나 되짚어 보면 숙면하지 못한 게 당연하게 느껴질 만큼 원인을 제공했다, 나 자신이. 이로써 '명상 = 숙면 보장'이라고 믿었던 나의 고정관념 하나가 깨졌다. 이처럼 우리의 몸과 마음은 크고 작은, 수많은 조건에 의해 언제든 변할 수 있는 것임을 다시 깨닫는다. 단순히 명상 시간을 늘리기보다는, 늦은 시각에는 적절히 이완 명상(예를 들면 바디 스캔. 271쪽 참고)을 하기도 하고 수면으로 인한 이점을 놓치지 않도록 유의하면서 지혜롭게 명상해야겠다는 교훈을 얻었다. 잠을 충분히 자지 못해서 피로한 상태임에도 그 과정에서 배울 점이 있어 밑지는 장사는 아니었음을, 시행착오를 겪으며 좀 더 겸허해짐을 느낀다. 이토록 매일이 새로운 나의 길을 오늘도 즐거운 마음으로 나아간다.

열대야와 배탈과
명상

간밤 열대야와 함께 열린 7월의 첫날이다. 어제 선풍기를 틀어두고 잠이 들었는데도 너무 온몸이 끈끈해서 잠을 설치다가 눈이 떠진 시간을 보니 새벽 네 시였다. 당시 습도는 무려 93%였다. 더위와 쾌적함을 좌우하는 것은 온도보다도 습도였음을 절절히 느끼는 밤과 새벽이 지나고 영 개운치 않은 아침을 맞이했다. 오늘은 마침 일정이 온종일 빡빡한 날이기에 한가하게 수면의 질을 따질 것 없이 부랴부랴 짐을 챙겨 집을 나섰다. 분명 장마라고 했는데 눈부시게 해가 들이치는 창가에서 아침 요가 수업을 했다. 아무래도 빗방울이 되지 못한 수증기가 밤새 내 방 안에 갇혀 피부에, 이불에 들러붙었나 보다. 당분간 비를 뿌릴 생각이 전혀 없어 보이는 쨍한 하늘을 보며, 빗나간 일기예보를 받아들였다. 또 어제 낮까지만 해도 멀쩡했던 배가 어젯밤부터 아픈 것을 보며 만물의 무상함을, 변동성을, 변화무쌍함을 받아들였다. 이처럼 나는 원래 배앓이를 잘 하지 않는다든가, 장마에는 비가 온다든가, 나는 원래 잠을 잘 잔다든가 하는 것은 모두 언제든지 깨어질 수 있는 연약한 가정에 불가함을 느꼈다. 나름의 자부심을 가졌던 건강한 '장내 미생물 환경'의 평화가 조금 깨어진 지금 이 상황을 그대로 받아들인다. 원인이 되었을지 모를 음식들, 최근 받은 극도의 스트레스, 지나치게 습한 날씨, 생리로 인한 호르몬의 변화 중에서 한 가지를 찾으려 굳이 애쓰기보다는 그 모두를 인지하고 '그래서 그럴 수 있겠구나'하고 넘긴다. 물론 증세가 호전되지 않으면 병원에 가야겠지만 다행히 나아지고 있다.

그러면서 몸이 항상 같지 않음으로부터 하나 배운다. 어느 것에도 절대적으로 확신할 수 없다는 걸. 또한, 가만히 들여다보면 이전에도 조건들이 맞지 않으면 배가 아픈 적이 있었고(예를 들어 회사 다닐 때), 사람이니까 충분히 그럴 수 있다는 걸. 그러므로 지금 내가 할 수 있는 일은 괜찮은 조건을 만들 수 있도록 노력하는 것, 그리고 지금 내 상태를 그대로 알고 안아주는 것이다. 쾌적하지 않은 날씨에 힘을 내어 일하느라, 이런저런 일들을 해내느라 고생이 많다고 다독여주는 것이다.

스케일링과 신경치료와 명상

명상 985일째 40분 명상 후 일기

스케일링을 받으러 치과에 갔다가 졸지에 신경치료를 하게 되었다. 아뿔싸, 요가명상센터 개원 후 너무 바빠서 스케일링을 깜빡한 탓일까. 지난달부터 겪고 있는 센터 운영 관련 이슈로 인한 스트레스 탓일까. 그 스트레스로 평소보다 더욱 맹렬하게 (?) 단 음식을 좋은 탓일까? 원인이 어쨌든 중요한 것은 이에 문제가 생겨서 얼마간 치료를 해야 한다는 점이다. 그래도 얼마나 다행인가. 기술이 발전해서, 그리고 우리나라가 치의학 분야에서는 최고라서 충치를 발견하자마자 무리 없이 치료할 수 있다는 게. 그렇지 않으면 영화 〈캐스트 어웨이〉에서 무인도에 표류하게 된 주인공이 충치로 고생하다가 결국 스케이트 날로 이를

뽑는 자체 수술을 감행한 것처럼 더 큰 시련을 견뎌야 했을지 모른다. 치료 여파로 당분간 한쪽으로 음식을 씹을 수 없게 되었지만, 그래도 나머지 한쪽으로 먹을 수 있어 이 또한 얼마나 감사한 일인가. 이런 사고의 흐름이 억지로 만들어낸 것이 아니고 저절로 일어나고 있음에 또 거듭 감사함을 느낀다.

실은 이 신경치료 바로 직전에는 알 수 없는 배탈로 고생했고 (나에게는 꽤 드문 일이다) 비슷한 시점에 생리통이 심해서 (최근에 역시 드물었던 일이다) 겨우 수업을 하던 중이었다. 물론 오늘도 아침부터 밤까지 수업이 있고, 주말에는 PPT 강의도 예정되어 있어서 이 모든 일련의 '통증 대소동' 와중에 제대로 쉴 수도 없다. 그런데도 아주 틈틈이 들숨과 날숨을 내쉬며 매 순간 느껴지는 감각을 보면서 하루를 살아낸다. 이를테면 오전과 오후 수업 후 땡볕 아래 이동해서 센터에 도착 후 가방을 내려놓고 잠시 바닥에 웅크린 채 바깥 새 소리를 듣는다든지, 양산을 쓰고 한증막 같은 길을 걷기 명상하듯 천천히 걸으면서 (서두르면 더 덥다) 길가에 눈이 시리게 초록빛을 내뿜는 풀들을 본다든지 하는 식으로….

아프지만 괜찮다. 오늘날까지의 경험으로 나는 이미 알고 있다. 해가 지고 달이 뜨듯 통증도 지나간다는 사실을. 머무르는 동안 최대한 부드럽게, 마찰이 적은 형태로 있다가 가도록 몸과 마음을 다독여준다. 참, 새삼 최근 일기에 '몸과 마음을 다독인다'는 표현이 많은 걸 보면 지금 이 부분이 나에게 부족한가 보다. 어쨌든 모든 일정을 취소하지 않고 악조건 속에서도 해내느라, 참 고생이 많구나. 잘하고 있어. 그러다가 또 쉴 때 충분히 쉬자. 나 자신에게 이야기해준다.

명상 수업에서 자주 듣는 질문들

내가 밉고 싫어질 때

지금 나의 마음이 어떤지 객관적으로 들여다보는 것은 아주 귀중한 경험입니다. 그것이 부정적인 마음일지라도 그것을 그대로 볼 수 있는 힘이 있다면, 거기에 희망이 있습니다. 나 자신과 타인과 세상을 오해하지 않고 이유 없이 미워하지 않고 받아들일 수 있습니다. 때로 누구에게나 험난한 이 세상, 잘 나아갈 수 있도록 유일한 동료인 나 자신을 다독여주고 안아주시기를 바랍니다.

중력에 맞서지 않고
이용하는 법

내일이 휴일이라 여유로운 마음으로 명상을 했다. 찬바람에 종일 코가 막혔다가 명상하기 전에 머리서기를 포함한 요가를 40분 정도 했더니 한결 숨쉬기가 편했다. 그래도 숨을 쉴 때 소리가 날 만큼 코가 좀 막힌 상태였는데, 명상에서 집중이 깊어지자 거짓말처럼 숨이 고요해졌다. 아마도 자율신경계가 안정된 효과인지 모른다.

정말로 호흡에 집중하게 되면 진공 상태처럼 아무런 소리도 들리지 않도록 몸이 숨을 죽인다. 앉아 있는 척추와 골반, 다리나 어깨도 중력이 내리누르는 느낌 없이 안락하다. 중력은 그대로인데 맞서 싸우는 게 아니라 거기에 절묘하게 균형을 이루어 적응한 듯이. 그렇게 몸의 다른 감각들이 그 존재를 지우면서, 사방이 어두워서 저절로 스크린에만 집중하게 되는 영화관처럼 눈을 감고 코끝 숨을 볼 수 있었다.

집에서 오랜만에 한 머리서기도 직립보행으로 고생 중인 척추를 편안하게 해주며 이와 비슷한 교훈을 주었다. 머리서기나 플랭크를 할 때 중력은 극복이나 두려움의 대상이 아닌 좋은 도구가 된다. 날개를 활짝 펴고 활공하며 '기류를 이용'하는 새처럼, '중력을 이용'한다.

이렇게 하루 끝에 명상을 하기 전에는 딱히 하는 것도 없이 수면에 이르는 시간을 오래 끌었던 것 같다. 거실에 널브러져서 스마트폰 화면을 주르륵 생각 없이 내리면서 온갖 세상만사를 다 보았다. 마치 배가 고프지 않은데도 습관적으로 집어먹는 눈앞의 강냉이처럼, 당장에 필요한 게 아닌 정보의 파편들을 끊임없이 주워 담았던 것 같다. 하릴없이 폰을 볼 때 시간은 또 왜 그렇게 잘 가는지 그러다 보면 금세 새벽 두 시였다. 그렇게 '폰멍'을 때리면서 힐링이 되었느냐면 그렇지 않았다. 그 가운데 영 좋지 않은 콘텐츠가 끼어있는 경우 스트레스를 많이 받았다. 심한 경우엔 하루의 기분을 완전히 망치는 것을 넘어서 악몽을 꾸고 다음 날까지 영향을 받기도 했다. 누굴 탓할 수도 없다. 필연적으로 어딘가 매달릴 곳, 관심 쏟을 곳을 찾는 마음 자체의 특성 이외에는.

명상을 시작한 후로는 마음의 특성에 대한 이해가 생긴 덕분인지 그런 일이 많이 줄었다. 퇴근 후 쉬면서 무의식적으로 손을 뻗어 폰을 잡는 횟수(아예 안 잡는다면 거짓말이겠지만)와 더불어 무언가를 보게 되더라도 지나치게 몰입해서 심리를 넘어 물리적인 고통을 느끼는 일이 조금 줄었다. 명상하느라 늦은 시각이 되었어도 이전처럼 스트레스와 허무한 기분은 없다. 편안한 마음으로 잠들 수 있을 것 같다.

명상과
척추기립근

수업 전에 카페에서 하는 여덟 번째 명상이다. 이번 달부터 나의 일정표에 몇 가지 변화가 생겼다. 이렇게 매일 명상을 시작하기 며칠 전, 나는 결심을 했다. 스케줄을 바꿔야겠다고. 그 결심은 꽤나 견고하고 강한 것이어서 오래 지나지 않아 변화는 찾아왔다. 일주일의 일정 중에 세 개나 조정하는 대대적인 구조조정을 감행했다. 여기엔 그럴 만한 이유가 있었다.

그간 하나둘씩 늘어난 수업으로 여기저기 옮겨 다니며, 아니 그야말로 뛰어다니며 스케줄을 소화하는 게 일상이 되었다. 분명 보람 있는 일이었지만 왠지 점점 지쳐갔다. 수업을 하며 늘 '천천히 호흡을 하라'고 말하면서 정작 나는 뛰어다니느라 숨이 찼다. 한동안 안 아프던 허리가 아팠고 목이 말라 목소리가 갈라졌고 다음 수업에 늦을까 봐 초조한 마음에 하루 중 어느 때도 여유가 없었다.

이사를 하면서 이동 거리가 멀어지는 바람에 상황은 더욱 악화되었다. 하루 대부분 시간을 강의를 준비하고 강의하는 데 보냈지만 시간 대비 실질적 효율은 떨어졌다. 뭔가 바쁘게 달리고는 있는데 내 몸을 갈아 가까스로 나아가면서 중요한 것을 놓치고 있다는 생각이 들었다. 요가를 시작한 이후 늘 내 안에 있다고 믿었던 행복의 불씨가 꺼져버린 것 같았다.

그래서 지푸라기를 잡는 심경으로 명상을 시작했다. 명상은 느리지만 명확하게 여기저기 흩어진 불안한 마음을 바로 세울 수 있도록 도움을 주었다. 마치 요가가 느리지만 분명하게 척주 기립근을 세우는 데 도움을 준 것처럼.

깊은 명상으로 내 마음의 어둠을 밝히면 그 마음은 세상을 더 나은 곳이 되도록 비출 것이다. 우선 나 자신의 마음을 구해낸다. 매일 잠시라도 명상할 수 있다면 나는 무엇이든 할 수 있을 것이다.

깊은 명상으로

내 마음의 어둠을 밝히면

그 마음은 세상을 더 나은 곳이 되도록 비출 것이다.

우선 나 자신의 마음을 구해낸다.

명상에 필요한
근육

몸의 안락함에 관해 문득 생각해본다. 몇 년 전 이곳저곳 출강을 다닐 적에 (물론 지금도 출강을 다니지만 센터를 열기 전에) 어느 요가원 선생님께서 이렇게 말했다. 대부분의 사람들이 어릴 때는 공부를 하고 나중에 노년이 되면 가만히 앉아 명상 수행을 하겠노라, 그것이 적합한 순서라고 생각하겠지만 실은 전혀 그렇지 않고 정반대라는 것이다. 공부는 나중에 해도 좋지만 명상은 지금 당장 해야 한다며, 나중에는 수행하고 싶어도 앉아 있을 수가 없을 거라고 했다. 그때 들은 이 말이 뇌리에 남아 혼자 매일 명상을 시작하는 숨은 동기가 되었다. 직접적인 계기는 코로나19 팬데믹 이후 지나치게 늘어난 (장거리 포함) 수업들로 인해 깨어진 마음의 평화였지만. 명상을 꼭 앉아서 해야 하는 것은 아니나, 좌선과 호흡 명상이 가장 기본적임을 감안해 보면 명상의 시작은 바로 지금이어야 한다.

바닥에 평좌 혹은 결가부좌 등의 자세로 앉는다는 건 생각보다 많은 조건을 요구한다. 첫째로 다리와 골반, 고관절, 발목 등 하체가 건강해야 하고 둘째로 허리와 목이 곧추설 수 있도록 기립근이 있어야 한다. 호흡을 보는 것, 집중력을 발휘하는 것은 그다음 문제이다. 적어도 '좌선'을 하려면 그렇다. 물론 명상은 의자에 앉아서도, 누워서도, 걸으면서도 할 수 있다. 그래도 저 옛날 나무 아래 수행자나 불상들처럼 앉아서 오랫동안 안정적인 상태로 이 순간에 깊이 머무르기에 좌선이 가장 적당함을 느낀다. 너무 편안해서 졸리지 않고, 너무 움직임이 많아 산란하지 않고, 하체 전체와 강력한 근육 다발인 척주기립근을 십분 활용하며 손과 팔의 무게도 거슬리지 않는 (물론 집중 수행처럼 장시간 좌선하게 되면 무거울 수 있지만) 자세는 아무래도 바닥에 앉는 자세가 아닐까. 어머니와 요가명상센터를 열고 1년이 훌쩍 지난 지금, 운 좋게도 다양한 연령대의 사람들을 대상으로 명상을 지도하면서 명상에는 너무 빠른 때도 늦은 때도 없다고 느낀다. 7세 어린이도 어른보다 더 고요하게 집중할 수 있고 80세가 넘어도 명상의 희열을 경험할 수 있다. 중요한 것은 그 어느 시기이든 지금뿐이라는 것이다. 언제 올지 혹은 오지 않을지 모르는 앞날을 기약하지 말고 시작해야 한다. 나에게 안락함을 선사한다. 그건 나만이 할 수 있는 고귀한 일이다.

명상 수업에서 자주 듣는 질문들

자애심은 어떻게 느끼나요?

자애 명상은 쉽지 않습니다. 하지만 가만 보면 일상에서도 자애심이 저절로 느껴지는 순간들이 있습니다. 한번 숨은 자애심 찾기를 해봅니다. 예를 들어 저는 지난 여름 폭염 때 공원을 지나다가 분수 옆 작은 물웅덩이에서 포르르 날개를 떨며 목욕을 하던 참새들을 보고 자애심을 느꼈습니다. 그 외에도 가을날 출근길에 어느 노부부가 손을 잡고 한쪽에는 음악이 흘러나오는 폰을 쥔 채 단풍이 든 가로수 아래를 천천히 걸어가는 모습을 보았을 때, 벚꽃이 만개한 날 꽃놀이 나온 친구들이 서로 사진을 멋지게 찍어주기 위해 기마 자세를 하고 카메라를 든 모습을 볼 때 등등. 돌아보면 그런 순간들이 은근히 많았던 것 같습니다. 흐뭇한 미소가 지어지면서 아무런 조건 없이 '저 사람들이, 혹은 저 참새가 행복하기를' 하고 바라게 되는 순수한 순간이요. 저는 그것이 자애심과 비슷하다고 느꼈습니다.

나에게
휴식을 주는 명상

①바디 스캔(이완 명상)

사바 아사나(송장 자세) 자화상

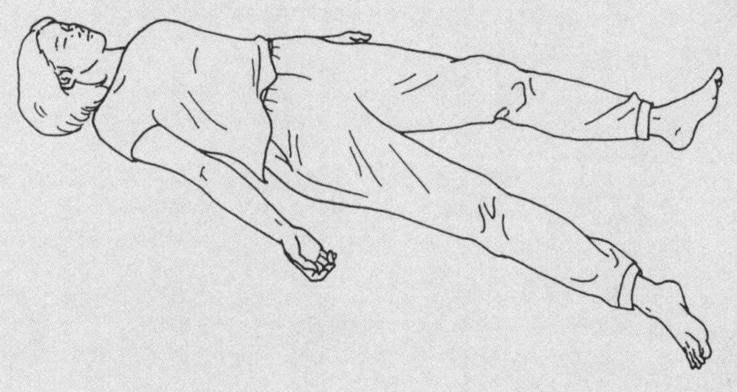

앉아 있기에 너무 피로하거나 몸에 긴장이 많은 경우에는 이
완 명상이 도움될 수 있습니다. 바디 스캔은 대표적인 이완 명
상으로, 특히 앉아서 하는 명상(좌선)이 익숙하지 않을 때 본
격적인 호흡 명상에 앞서 시도해보기 좋습니다. 건포도 먹

기 명상과 더불어 MBSR(Mindfulness Based Stress Reduction)이나 MBCT(Mindfulness Based Cognitive Therapy)에서 주로 쓰이는 방법*입니다. 내 몸의 각 부분에 의식을 두고 지금 이 순간 해당 부위에 드는 느낌을 하나하나 알아차림하는 방식이기에 충분한 시간을 두고 하는 편이 좋습니다. 얼마나 세밀하게 나누어 살피느냐에 따라 다르겠지만 경험상 최소 15분이 필요합니다. 보통은 누워서 시작하지만, 저는 때때로 호흡 명상을 하기 전이나 후에 앉은 상태에서 간단하게 바디 스캔을 하기도 합니다. 바디 스캔을 할 때 중요한 포인트는 마치 호흡 명상을 할 때 코끝에 집중하는 것처럼, 몸의 각 부분에 정말로 집중하는 것입니다. 머릿속으로 상상하는 것이 아닌, 실제 해당 부분의 감각(예를 들어 지금 바닥과 닿아 있는 손등의 감촉)을 느끼면서 하나씩 이완해보는 거예요.

다음은 바디 스캔 지도 수업에서 나온 참여자들의 소감입니다.

"나 자신에게 좀 더 너그러워졌습니다. 나를 있는 그대로 받아들일 수 있게 된 것 같아요."

"신체 각 부분을 지켜보다가 때로는 자장가를 듣는 듯 깜

* 《우울과 불안, 스트레스 극복을 위한 8주 마음챙김(MBCT) 워크북(The Mindful Way Workbook)》, 존 티즈데일·마크 윌리엄스·진델 시걸 저, 불광출판사, 2024,

빡 잠들기도 하며 그 과정에서 몸이 어느새 이완되었습니다."

"강의를 하는 직업이라 특히 목 부분을 상세히 스캔하면서 목의 소중함을 다시 느낄 수 있었습니다."

바디 스캔 해보기

1) 우선 요가 자세 중 대표적인 이완 자세인 '사바 아사나(송장 자세)'로 누워서 시작합니다. 매트에 바르게 누워 발과 발을 골반 너비로 열고 엄지발가락 끝을 바깥으로 툭 내립니다. 양손은 골반에서부터 한 뼘 떨어진 곳에 손등을 내려놓습니다. 손바닥이 천장을 보도록 합니다. 몸의 좌우 대칭을 확인하고 편안하게 머리를 내려놓습니다(또는 상황에 따라 앉아서 해도 좋습니다).

2) 눈을 감고 들숨·날숨 하며 나의 의식을 천천히 발끝으로 가져옵니다. 지금부터 내 의식이 향하는 몸의 각 부분을 이완해봅니다. 특별히 불편한 부분이 있다면 그 부분에 좀 더 머무르면서 예를 들면 '발목, 발목' 하고 어루만지듯 속으로 되뇌며 이완해봅니다.

3) 지금 이 순간 발가락, 발바닥, 바닥에 닿아 있는 발뒤꿈치의 감각을 느껴봅니다.

4) 발이 편안해짐을 느껴봅니다.

5) 이제 나의 의식을 발에서 발목으로 가져옵니다. 지금 발

목 관절과 뒤쪽 아킬레스건, 발목의 감각을 느껴봅니다.

6) 발목이 편안해짐을 느껴봅니다.

7) 들숨·날숨 하며 나의 의식을 종아리와 정강이로 가져
옵니다. 지금 이 순간 바닥에 닿아 있는 종아리, 하늘을
향해 있는 정강이의 감각을 알아차려 봅니다.

8) 종아리와 정강이가 편안해짐을 느껴봅니다.

9) 이제 나의 의식을 무릎으로 가져옵니다. 무릎 안쪽 연
골, 앞에 동그란 슬개골, 무릎을 감싸고 있는 인대들, 뒤
쪽 오금, 지금 이 순간 무릎의 감각을 느껴봅니다.

10) 무릎이 편안해짐을 느껴봅니다.

11) 이제 나의 의식을 허벅지로 가져옵니다. 바닥에 닿아
있는 허벅지 뒤쪽 햄스트링, 허벅지 안쪽과 바깥쪽, 앞
쪽 대퇴사두근. 허벅지의 감각을 느껴봅니다.

12) 허벅지가 편안해짐을 느껴봅니다. 이어서 위와 같이
고관절 - 골반(치골, 엉덩이 근육, 안쪽 장기) - 허리와 복
부(요추, 디스크, 인대, 근육, 위장) - 등과 가슴(흉추, 갈비뼈,
심장과 폐) - 어깨와 쇄골(날개뼈, 갑상선, 림프절) - 위팔
(겨드랑이) - 팔꿈치 - 아래팔 - 손목 - 손(손바닥, 손가
락, 손등) - 다시 팔과 어깨를 지나서 목(경추, 척수, 기도,
식도, 성대) - 머리(뒤통수, 정수리, 머리 옆쪽, 두개골, 뇌) -
얼굴(이마, 이마 안쪽, 미간, 눈, 코, 귀, 볼, 입, 턱, 치아, 혀, 비강,

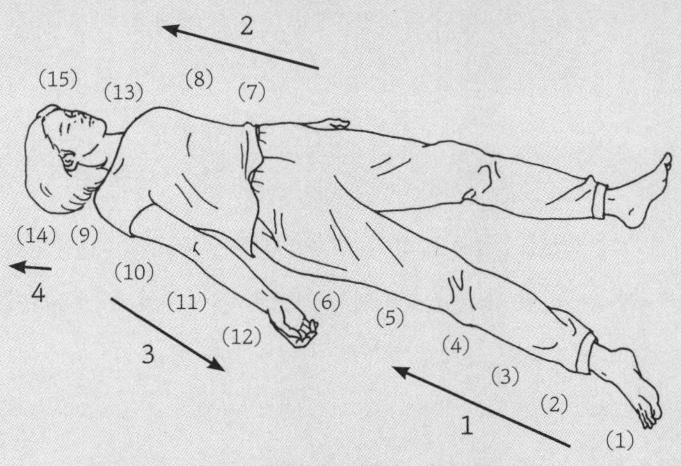

화살표대로 크게 1, 2, 3, 4의 흐름으로, 상세하게 표현하자면
(1)~(15) 순서로 진행합니다. 마지막에는 다시 머리끝에서 발끝까지
쭉 아우르며 이완해봅니다.

안쪽 장기들)을 차례로 알아차림하고 이완합니다. 마지막으로 다시 얼굴과 머리에서부터 손끝, 발끝까지 훑어 내려가며 감각을 느껴보고 나의 몸이 머리에서 발끝까지, 안팎으로 모두 편안해짐을 느껴봅니다. 참고로 괄호 안은 제가 하는 바디 스캔 방식으로 일부 생략하거나 다르게 하셔도 좋습니다. 예전에 요가 해부학 전문 과정을 공부한 까닭인지 일부 안쪽 장기까지 자연스럽게 포함하게 되었습니다.

13) 바디 스캔을 마친 후 가능하면 왼팔을 뻗어서 왼편으

로 돌아누워서 무릎을 조금 굽히고 잠시 들숨·날숨을 들이쉬고 내쉬어 봅니다. 무릎을 조금 굽힌 채 눈을 감고 손으로 바닥을 짚으며 어지럽지 않도록 아주 천천히 일어나 자리에 앉아 마무리합니다.

저는 발끝에서 시작해서 정수리와 얼굴로 올라가는 순서로 했지만, 왼발 끝에서 시작해서 거꾸로 U자 모양으로 올라가서 오른발 끝으로 내려오거나, 머리에서부터 발로 가는 순서로 해도 무방합니다. 중요한 건 순서보다도 각 부분에 온전히 집중하며 느낌을 알아차리는 것이므로 나에게 편안한 방식을 찾아보세요.

바디 스캔 외에도 싱잉볼, 아로마테라피, 향, 명상 음악 등 이완에 도움이 되는 다양한 도구를 활용하는 방법이 있습니다. 하지만 반드시 어떤 '도구'가 필요한 것은 아닙니다. 그냥 공원 벤치에 앉아 눈을 감고 자연의 소리를 듣는 것, 햇볕을 쬐고 바람을 느끼는 것도 좋은 이완 명상입니다. 이완 명상은 긴장과 불안을 완화함으로써 스트레스 감소와 숙면에 도움을 줄 수 있습니다.

나 자신을
사랑하기

.6.

옆으로 누운 이완 자세 자화상

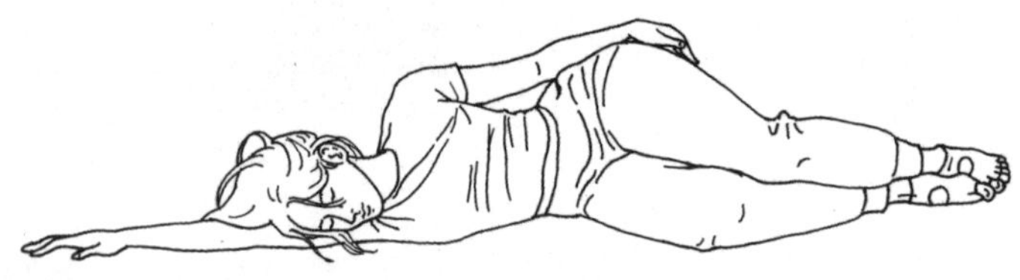

무겁게 짊어지고 있는 모든 것을 내려놓고 숨을 쉬어봅니다.

"나 자신이 보기 싫고 미워요."
명상의 핵심은 받아들임, 알아차림이며 나 자신을 있는 그대로 바라보게 됩니다. 즉 내가 원하는 어떤 기준을 두고 거기에 미치지 못하면 자책하고 미워하는 일이 줄어듭니다. 또한 지나치게 자기 연민에 빠지거나 자기 우월감에 취하지 않도록 현실을 왜곡하지 않고 그대로 보는 통찰력을 갖게 됩니다. 자기 객관화, 메타 인지가 증진된다고 할 수 있습니다.

받아들일
용기

명상 892일째 25분 명상 후 일기

신랑이 말했다. 살다 보면 기분이 좋은 날도 있고 별로인 날도 있고 힘든 날도 있고 편안한 날도 있는 건데 요즘 내가 꽤 긴 기간 동안 힘들어 보인다고. 그 말이 끝나기 무섭게 내 입에서는 이런 말이 터져 나왔다. "응, 죽을 것 같아." 그 다음엔 이 말이 나오게 된 근거들을 털어놓게 되었다. 어쩌면 나는 괜찮다고, 힘들지 않다고, 스스로 최면을 걸고 있었는지 모른다. 이렇게 툭 건드려 묻는 말에 폭포수처럼 참고 있던 이야기들이 쏟아진 걸 보면.

매일 명상하기 시작한 지 900일에 가까워지고 있다. 숫자가 늘어나는 만큼 나는 엄숙해지고 싶었나 보다. 그 어떤 무리

한 일정이든 정신적 스트레스를 주는 일이든 다 씹어 삼킬 수 있다고. 아니, 그래야 한다고 믿었던 것 같다. 명상을 하는 사람이므로 그래야 한다는 모종의 믿음, 기대, 자기 암시가 있었던 것이다. 하지만 그건 명상이 아니다. 명상의 본질은 지금 이 순간에 집중하는 것이고, 지금 이 순간에 내가 보고 듣고 느끼고 생각하고 있는 것을 '있는 그대로' 알아차리는 과정에 있다. 나는 보고 싶은 대로 상황을 보고 있었던 것 같다. 그래서 그걸 깨달은 지금, 나는 보다 솔직해지려고 한다. 이건 용기가 필요한 일이다. 내가 힘들다고, 버겁다고 느끼고 있다면 힘들고 버거운 것이다. 내가 느끼는 바를 포장하지 않고 마주하고 받아들인다. 아, 나는 지금 힘들구나. 괴로움을 느끼고 있구나. 휴일 없이 일정을 이어가느라, 정기적인 호르몬 지배적인 상황(월경)에도 불구하고 평소와 다름없이 일상을 이어가느라, 특강을 비롯해 여러 힘에 부치는 상황 속에서도 직업적 특성 때문에 그저 괜찮다고 말하면서 괴로움을 누르느라 오히려 더 힘들어졌구나 하고. 외면하지 않고 나의 '힘듦'을 받아들인다. 그래, 신랑 말처럼 누구에게나 힘든 날, 좋은 날이 있는데 나도 사람이므로 당연히 힘든 날이 있다. 살아있는 존재에게 스트레스는 불가피한, 어떻게 보면 일상적인 숙명이다. 그리고 모든 스트레스가 독이 되는 건 아니다.

아직 도인이 되지 못했으면서 다 괜찮다고 말해오던 나 자

신을 바라본다. '아니, 괜찮지 않아. 힘들면 쉬어 가자.'라고 얘
기해준다.

내가 힘들다고,

버겁다고 느끼고 있다면 힘들고 버거운 것이다.

내가 느끼는 바를 포장하지 않고 마주하고 받아들인다.

아, 나는 지금 힘들구나. 괴로움을 느끼고 있구나.

나는 나의 좋은
동료가 되고 싶다

명상 전에 요가를 하면서 살라바 아사나(영화 〈올드보이〉에 나오는 바로 그 메뚜기 자세)와 푸르나 살라바(심화된 메뚜기 자세)를 했더니 엉덩이에 근육통이 왔다. 이 자세를 워낙 오랜만에 한 탓도 있지만, 그것만은 아닌 것 같다. 아마 요가 하기 전에 마사지 기구로 척주기립근과 천골 주변 근육을 풀어주어서 지나치게 이완이 되어 있었던 게 주요 원인인 듯하다. 또 하나는 매일 주로 파드마 아사나로 앉아서 명상하는 일이 일상이 되면서 대둔근, 중둔근 등 엉덩이 근육과 다리 근육이 늘어난 상태가 익숙해진 탓일 것이다.

요가를 통해 둔근(엉덩이 근육)이나 햄스트링(허벅지 뒤쪽 근육) 등을 단련하는데도 불구하고 명상으로 이완된 만큼을 상쇄하면서 푸르나 살라바를 가볍게 할 정도로 강화하지는 못했나 보다. 그래도 머리서기와 어깨서기, 플랭크와 그 변형 자세들, 메뚜기 자세 등을 용케 잘 마치고 나니 척추 마디마디 신경 통로가 활성화되는 게 느껴지면서 개운했다.

요가를 마치고 눈을 감고 자리에 앉자 둔근에 전해지는 근육통 덕분에 몸에 대한 알아차림을 함께하는 명상 시간이 되었다. 마냥 졸리거나 복잡한 생각 속을 거니는 것보단 좋은 명상 동료라고 느껴졌다.

그래, 동료. 나는 나의 좋은 동료가 되고 싶다. 이제까지 살면서 나 자신에게 어떻게 대했나 생각해 보면 별로 친절하지 못했던 것 같다. 아프거나 힘들 때면 그걸 감추거나 왜 이 모양이냐며 탓하기 바빴다. 그런 나를, 때로는 여러 가지 고통의 매개체가 되고 종종 불만족스러운 이 몸을 다정하게 동료라고 불러본다. 고마움을 전해본다.

그래, 동료.

나는 나의 좋은 동료가 되고 싶다.

내 마음의
스펙트럼

명상 920일째 35분 명상 후 일기

기분이라는 게 얼마나 무상한지, 쉽게 손바닥 뒤집듯 변할 수 있는지 자체 실험 중인 것만 같다. 며칠 전 나는 올해 가장 바쁜 날을 보냈는데, 수업을 장시간하고 잠시 식사 및 휴식 후 다시 이동해서 또 긴 시간 수업을 했다. 두 수업 모두 각각 다른 자료를 준비하느라 코피가 났다. 마치고 나서는 센터 에어컨 청소를 위해 전문업체가 방문할 예정이라 기사님들 드릴 음료와 간식을 사들고 센터로 향했다. 에어컨 청소를 마친 후, 미리 옮겨두었던 큰 수납장과 진열대 등을 다시 원위치하고 화장실 청소를 했다. 우리 집 안방보다 아마 더 깨끗할 센터 화장실 청소를 마치고 식사를 하면서 다 해냈다는 생각에 뿌듯한 기분이 들고 저

286

절로 "행복하다"는 말이 나왔다. 이를테면 밭일 후에 땀을 닦고 나무 그늘에서 새참을 먹는 느낌이랄까. 일주일 전부터 마음을 무겁게 누르던 강의 자료 준비와 발표를 무사히 마치고 숙원 사업이었던 에어컨 전문 청소(작년에 자체 물청소를 몇 번 했으나 별로 효과가 없어서)와 화장실 청소(주말마다 하는 것이지만)까지 모두 끝낸 여유로움. 당분간 모든 할 일을 마친 후 성취감에 도취해 저녁 식사가 더욱 꿀맛이었다.

그리고 바로 다음 날, 자영업자로서 이런저런 자료를 점검해보다가 지난 연말보다 나아졌다고는 하지만 여전히 좋지 않은 현실을 숫자로 맞닥뜨렸다. 그러자 어제의 성취감과 소소한 행복감이 흔적도 없이 공중으로 흩어져버렸다. 마음은 일주일 전 강의 준비에 부담을 느꼈을 때와 다른 양상(어쩌면 더 나쁜)으로 무겁게 가라앉기 시작했고 따라서 인상도 어두워지며 나에 대한 질책, 주변에 대한 원망, 극단적인 대안들이 떠오르기 시작했다.

그나마 다행인 것은 바로 내가 그렇게 되어감을, 내가 그렇게 느끼고 있다는 것을 빠르게 인지하고 있었다는 점이다. 시간 상으로는 불과 몇 시간 전인 어제와 전혀 다른 세계에 놓여 있었던 것 같다. 정확히는 내 마음이 다른 세계에 살고 있었다. 지금 느끼는 이 초조함과 불만족은 당연한 것이다. 하지만 거기에만 지나치게 잠식되어 너무 오래 절망하지 않도록, 내 기분의 스펙트럼을 더 넓게 펼쳐 본다. 그러면 원래부터 이 어두운 쪽에 있었던 것이 아닌, 빛과 어둠, 긍정과 부정, 무채색과 화려한 색 등 모든 세계를 오가는, 끊임없이 오가는 기분과 마음의 여정이 보일 것이다. 어느 한 부분만 떼어 보고 '이렇다'고 하는 편협한 시각은 왜곡을 일으킬 수 있다. 내 마음이 어떻게 변하고 있는지를 넓게 지켜본다. 그러면 나는 포기하지 않고 나아갈 힘을 얻을 수 있다.

명상이라는
변수

수업 전에 카페에서 하는 다섯 번째 명상. 연말이라 그런지 대중교통에도 거리에도 사람이 많았다. 꽤 먼 거리로 수업을 하러 오는데 줄곧 인파에 꽉 끼어 서 있었더니 평소보다 조금 더 피로했고 답답함에 속이 부글부글 끓었다. 그래도 지하철 문 앞에 서 있는 통에 때마침 한강 위로 지는 해를 볼 수 있었다. 오전에 눈이 와서 지친 할머니 머리칼처럼 희뿌연 도시의 풍경에 도장을 찍어 놓은 듯 선명하게 붉은 해가 지고 있었다. 차가운 강에 붉은 그림자가 세로로 길게 늘어졌다. 만약 앉아서 졸고 있었다면 보지 못했을 멋진 풍경이었다. 마음이 누그러들었다. 시익-화가 식는 소리가 들리는 것 같았다.

오늘은 카페에도 사람이 많았다. 다행히 자리가 있어서 손바닥만 한 티테이블을 앞에 둔 아담한 의자에 앉아 명상했다. 이어폰에서는 크리스마스 캐럴이 흘러나왔다. 호흡이 고요해졌다. 명상이 잘 되고 있다는 증거였다. 힘차게 걸을 때는 쓰고 있는 마스크가 들썩이도록 거칠던 숨이 체로 여러 번 걸러낸 밀가루처럼 미세해지는 과정을 똑바로 지켜본다.

다른 아무것도 할 필요 없다. 아니, 뭔가를 하려는 생각을 놓아야 한다. 명상에서도 그렇고 살아감에서도 생각을 너무 많이 해서 문제가 생긴다. 별자리와 MBTI를 비롯하여 동서고금을 막론하고 내가 해당하는 온갖 성격 유형이 공통으로 얘기하는 특징 중 하나가 바로 '생각이 많다'는 것이다. 이러한 성격 유형 테스트들은 흥미롭지만, 100% 적확한 통계는 없다. 그저 나침반처럼 약간의 경향성을 가리킬 뿐이며 그 또한 어긋날 수 있고, 조건이 바뀐다면 반응은 언제든지 변할 수 있다. 나는 생각이 많다는 식에 변수로 '명상'을 집어넣는다. 이 세상에 변하지 않는 것은 아무것도 없다.

가장 정적인 명상의
가장 능동적 효과

명상 94일째 19분 명상 후 일기

명상은 나에게서 능동적인 면모를 끌어내도록 도와준다. 이번에 정말 오랜만에 강의 일정표를 변경하기로 한 것처럼. 물론 명상을 시작한 이후 같은 일정을 덜 지친 상태로 보낼 수 있게 되었지만, 그것으로 문제가 완전히 해결된 것은 아니었다. 이미 안정적으로 자리 잡은 수업을 바꾸기로 결정하는 일은 쉽지 않았다. 하지만 무리한 일정이 누적되면서 몸이 아프기 시작했다. 참다가 오랜만에 진료를 받으러 간 병원에서 디스크 돌출이 의심된다고 다음번엔 MRI를 찍어보자고 해서 비로소 마음을 먹었다. 계속 무리해서 이 스케줄을 소화하다가 상태가 악화되면 이 수업뿐 아니라 모든 수업을 한동안 할 수 없을 것이다.

그래서 나는 나의 불행을 더는 이대로 묵인하지 않기로 했다. 그저 어쩔 수 없다며 묵과하다가 어떤 심적인, 물리적인 고통과 질병을 겪을 수 있는지에 대해 나는 회사에 다니던 때의 경험으로 너무나 잘 알고 있다. 전에는 불평하면서도 무언가 바꿀 엄두는 내지 못하고 그냥 힘들어했다면 명상을 하고부터는 조금 달라졌다. 이 문제에 대해 고찰해 보다가 노트와 펜을 꺼내서 표를 한 번 그려보았다. 우선 현재 나의 수업을 요일과 시간별로 적어보고 변경할 일정을 따로 표시했다. 이후 하고 싶거나 할 수 있을 것 같은 일정을 적어보았다. 그렇게 한눈에 들어오도록 표를 그려보니 머릿속이 옷을 착착 개어 놓은 듯 정돈되었다. 퍼즐의 빈칸 맞추기처럼 일정을 어떻게 바꾸면 더 좋을지, 어떻게 연락을 하면 좋을지 잘 보였다.

사실 요가 강사를 시작한 이래 수업 제안을 받는 일에만 익숙했기에 이렇게 능동적으로 행동한 적이 드물었다. 일과 관련해서 평소 소극적이었던 태도를 바꾸어 변화의 기회를 적극적으로 찾고 행동하는 용기를 낼 수 있게 되었다. 그리고 무리가 되는 일을 재고할 용기도 낼 수 있게 되었다. 목마른 자가 우물을 판다는 속담처럼 심플하게 내가 나를 챙겨야겠다는 생각이 들었다.

그렇게 가장 정적인 것처럼 보이는 명상이 나에게 가장 능동적인 변화를 일으키게 했다. 단순히 괴로워하는 것에 머물지

않고 보다 냉철하고 객관적으로 문제의 원인을 짚어내고 더 나
은 방향으로 나아갈 수 있도록 도와준 것이다.

정말 괜찮다고
느낀 적은 많지 않다

살아오면서 나의 호불호나 몇 가지 경향성 이외에 정작 중요한 것들은 알지 못하고 있었다. 그러고 보니 이 몸과 마음, 이 섬세하고도 거친 신경 체계와 여러 조직들, 눈에 보이는 요소와 보이지 않는 것들의 결합체를 대체 어떻게 다루어야 하는지 매뉴얼을 배운 적이 없다는 생각이 들었다. 이 존재의 본질이 무엇인지, 나라는 배를 어떻게 하면 제대로 운용할 수 있는지, 어디부터 어디까지 나아가야 하는지는 항상 메아리 없는 질문으로만 남아있었다. 아마도 그런 근원적 갈증이 나를 명상으로 다시 돌아오게 했는지 모른다.

명상을 마치고 나니 밤이 꽤 깊었고, 내일부터 다시 일하러 가야 하지만 괜찮다. 생각해 보면 내가 나에게 괜찮다고 말하고, 단지 말뿐이 아닌 정말로 그렇게 느낀 적은 살면서 많지 않았던 것 같다. 오늘 저녁을 좀 과하게 먹었는지 나른해서 최상의 상태로 숨에 집중할 수 없었으나 그것마저도 괜찮다. 직장 다니던 시절 호박죽을 먹어도 소화하기가 힘들어 괴로워하던 걸 회상해 보면 지금 배가 부른 상태 정도는 그냥 고마울 따름이다. 나는 지금 이렇게 느낀다. 정말 '괜찮다'라고. 세상 강력한 갑옷을 두른 느낌이다. 그리고 이 갑옷은 아주 말랑말랑하고 부드럽고 물처럼 흘러간다.

에너지를 필요한 곳에
적절히 쓰는 것

수업 전에 카페에서 하는 열두 번째 명상이다. 오늘 눈 영양제를 깜빡하고 못 먹었더니 눈이 조금 뻑뻑했다. 최저 기온이 영하 9도여서 건물마다 난방이 풀가동 중이라 더욱 눈을 건조하게 했다. 명상을 마치고 그대로 눈 요가를 했다. 눈을 감은 채 손바닥에 열을 내어 눈앞에 대고 눈을 좌우로, 위아래로, 왼쪽, 오른쪽으로 천천히 움직였다. 오늘처럼 아침 일찍부터 밤까지 수업이 있는 날, 뻐근한 천골과 더불어 가장 고통받는 부위 중 하나가 두 눈임을 새삼 느꼈다. 이동하거나 이렇게 밖에 있을 때 주로 폰으로 글을 쓰고 글을 안 쓸 때는 요즘 재미 들린 EBS 〈집〉 또는 〈한국기행〉을 폰의 작은 액정으로 들여다본다. 그러다 보니 눈이 피로해지는 것은 당연하다. 다행히 아직 안구건조증이 생긴 건 아니지만 좀 더 눈의 건강을 신경 써야겠다고 느꼈다.

한편 이번 달엔 임시로 일정이 조금 여유롭게 바뀌면서 적응이 잘 될까 싶었는데 더없이 잘 되고 있다. 쉬는 날엔 몇 시간씩 명상 일기에 넣을 그림을 그리고, 노트북으로 일주일 동안 써둔 글들을 정리하느라 오히려 더 바쁘다. 그러나 이건 행복한 분주함이다. 관련해서 몇 년 전에 재미있게 본 영화 〈어디 갔어, 버나뎃〉의 대사가 떠오른다. 오래전에 건축가 일을 그만두고 사람들을 피하면서 매일 불면증에 시달리고, 이웃과의 사소한 갈등이 점점 커져가던 주인공에게 옛 친구가 찾아와서 해준 말이다. "너 같은 사람은 창작을 해야 해. (중략) 그러지 않으면 사회에 위협이 돼(People like you must create. …If you don't, you become a menace to society)."

그렇다. 에너지를 필요한 곳에 적절히 쓰는 것이야말로 한 존재의 웰빙을 (더 나아가 주변 사람과 사회의 평화까지도) 좌우하는 중요한 일이라는 걸 여실히 느끼고 있다.

나 자신을
알라

수업 전 카페에서 하는 열아홉 번째 명상이다. 오늘로 매일 명상을 한 지 114일째이지만 브런치에는 20여 일째 일기를 올리고 있다. 몇 편을 올려야 하나 고민하다가 단순하게 10일, 20일, 30일 단위로 끊어서 각각 서너 편씩 올리기로 했다. 처음에는 사람들이 많이 볼 만한 시간에 올리려고 애썼으나 곧 그런 건 상관없다는 걸 깨달았다. 게다가 나는 직업 특성상 보통 사람들이 여유로운 점심 혹은 저녁에 수업하느라 가장 바쁘므로 어차피 텄다. 그래서 그냥 내가 가능한 시간과 요일에, 이를테면 오후 세 시 반에 올리는 식이다. 그렇게 하자 마음이 편안해졌다. 생각해 보면 이전에는 이만큼 사소한 일에 얽매이는 경향이 있었던 것 같다. 이것은 아마도 어떤 일을 성취함에 있어서 참을 성이 없는 나의 성질과 관련된 문제일 것이다.

물론 나는 요가 자세를 진득하게 유지하는 걸 선호하며 가 만히 앉아서 책 읽는 걸 좋아한다. 그러니까 이건 그 물리적인 참을성을 가리키는 게 아니라, 당장 내가 할 수 있는 부분 이외 의 요소에 대한 참을성을 말하는 것이다. 어쩌면 조바심이 많다 고 표현해야 더 정확할 듯하다. 예를 들면 나는 오늘 땅에 씨를 뿌리면 내일 싹이 올라와야 하고 바로 그다음 날에 열매가 맺기 를 바라는 것이다. 비유를 들어놓고 보니 참 굉장한 조바심이구 나 하고 새삼 느낀다.

조바심을 놓지 못하는 내 마음을 들여다본다. 그러자 그 이 면에 그림자처럼 기대감이 보인다. 나는 알지 못하는 앞날에 대 해서는 무조건 긍정적으로 생각하는 편인데, 알고 보니 그러한 나의 특장점 중 하나와 이 조바심이라는 게 맞닿아 있었다.

암막 커튼을 걷어내면 환한 햇살이 사물을 또렷하게 비추 듯 그 부분을 객관적인 눈으로 바라보고 이해할 수 있게 된다. 그리고 알게 된다. 모든 것이 연결되어 있으며, 인접해 있는 다 른 요소들이 있다는 걸. 성향 자체에는 좋고 나쁨이 없고 그 모 두를 활용하고 불러내는 것은 내 몫이라는 걸. 이렇게 자신의 특징을 알아내고 왜 그런지 파악할 수 있다는 점이 명상이 주는 즐거움이자 의의 중 하나다.

내 것이 아닌
칭찬

미국에 사는 한 친구가 대학원에 가는 문제로 고민이라며 조언을 구하고 싶다고 연락해 왔다. 나도 아직 대학원은 가지 못했고 어머니와 운영 중인 센터로 고군분투 중이지만 아무튼 조만간 통화하기로 했다. 그러면서 친구는 말했다. "너는 언제나 네가 가야 할 길을 알고 있다"라고. "늘 현명하고 침착하다"라는 말을 덧붙이며. 내 것이 전혀 아닌 것 같은 칭찬에 왠지 머쓱해졌다. 아니라고 말하고 싶었다. 내가 얼마나 작은 일에도 전전긍긍하고, 늘 하고 싶은 일의 팔 할을 미루고 있고, 속에서 불이 날 때도 참아 넘기면서 충분히 단호하지 못함을 스스로 원망하고 있는지 그 친구는 아마 모를 것이다. 한편으로는 남이 보는 나와 매일 겪으며 느끼고 있는 나와의 갭에 뭔가 웃음이 났다. 나는 아마도 보는 사람에 따라 수만 가지 모습이 될 것이며 그 것들은 모두 이미지, 즉 허상에 불과하다. 내가 보는 나의 모습 도 마찬가지다. 나라고 나를 다 알 수 없다. 내가 바라는 모습에 비추어 보고 있는 이상, 나는 이 존재를 온전히 이해할 수 없을 것이다. 태어나서부터 지금까지 여기에 있어 준 유일한 존재, 나를 들여다본다. 나의 책임이자 안식, 나의 부끄러움이자 자랑, 나의 한계이자 가능성인 나를, 눈앞의 안개를 걷어내고 있는 그 대로 보는 날까지.

나의 책임이자 안식,

나의 부끄러움이자 자랑,

나의 한계이자 가능성인 나를,

눈앞의 안개를 걷어내고 있는 그대로 보는 날까지.

무언가를
꾸준히 한다는 건

무언가를 꾸준히 한다는 건 참 쉽지 않다. 거의 매일 보던 분들이 보이지 않을 때, 늦게 퇴근한 후 요가 매트를 가까스로 펼칠 때 이 당연한 이치를 피부로 느낀다. 관성의 법칙에 의해 하던 일을 꾸준히 하다가도 어떠한 계기로 멈추게 되면 다시 시작하는 것은 어려울 수 있다. 우리의 하루는 한정되어 있고 변수가 많으며 모든 조건은 변한다. 그런데도 어떤 일을 매일 꾸준히 한다는 것은 어쩌면 초인적인 노력과 의지가 수반된 일인지 모른다. 나에게도 그런 일이 몇 가지 있다. 하나는 수년 전(아마 6~7년 전)부터 하고 있는 플랭크이고 또 하나는 2022년 10월부터 하고 있는 명상이다. 그렇다고 이게 숙제는 아니므로 약간의 융통성을 곁들여, 어깨가 불편할 때는 플랭크 대신 보트 자세(나바 아사나)를 하고 도저히 좌선하기 어려울 때는 잠들기 전에 누워서 명상할 때도 있다. 어쨌든 이 두 가지가 나의 몸과 마음을 운용하는 데 큰 도움이 된다는 걸 느끼고 있기에 대체로 기꺼운 마음으로 (아닐 때도 있지만) 하고 있다. 한편 예전에 회사 다닐 적에 했던 성향, 스트레스, 우울감 등 몇 가지 테스트 결과에서 '중독 위험성'이 상당히 높게 나왔던 일이 생각난다. 그렇다면 그런 성향이 어쩌면 나의 이런 꾸준함을 가능케 한 요소가 아니었을까? 무엇이든 어떻게 쓰느냐에 따라 나에게 이로울 수도 혹은 해로울 수도 있다는 걸 느끼며, 조금씩 나를 다루는 법을 익혀 간다.

강물을 거슬러 오르는
연어처럼

명상 153일째 12분 명상 후 일기

명상을 하려고 앉아 있는 동안 정말로 명상을 하는 시간은 얼마나 될까. 매일 자기 전에 좌선을 하고 있지만 눈을 감았을 때 온전히 숨에만 집중하는 일은 역시 쉽지 않다. 예전에 본 심리학 관련 웹툰 〈닥터 프로스트〉에서 '사람의 뇌는 기본적으로 공백을 허용하지 않는다'고 했던 게 기억난다. 그러니까 끊임없이 관심을 기울일 무언가가 필요하다는 얘기이며, 없으면 조금 전에 감각이 받아들인 정보, 아니면 어제 보고 들은 것, 더 먼 과거의 기억이나 혹은 무의식을 뒤져서라도 머릿속을 가득 채워 놓는 것이다.

갑자기 떠오른 뇌의 이러한 특성을 고찰해 보니 조바심이 줄어들면서 마음이 한결 자유로워졌다. 방 안에 저절로 먼지가 쌓이는 것처럼 생각이 떠오르기 마련이라면 그에 대해 지나치게 스트레스를 받을 필요가 없다. 단지 생각의 흐름이 나를 나도 모르는 사이에 어디론가 휩쓸어가지 않도록 명상을 하려는 의도를 분명하게 일으킨다. 그다음에 내가 지금 보고 있는 것이 호흡인지 아니면 갑작스레 떠오른 생각 중 한 조각인지 또는 몸에 느껴지는 감각인지를 알아차려 본다.

명상을 하는 것은 어쩌면 연어가 강물을 거슬러 올라가는 일처럼 용기가 필요한 일인지도 모른다. 거센 물살을 헤치며 다른 물고기들이 가지 않은 길을 가는 일이다. 익숙하고 보편적인 시스템에서 벗어나는 일이다. 그러나 자세히 살펴보면 그 길 역시 먼저 간 사람들이 있다. 길을 잃을 것 같을 때 그들이 남긴 실마리를 찾아본다. 물 위로 고개를 들어 귀중한 숨을 쉬며 나아가듯 들숨 하나, 날숨 하나를 온전히 쉬어본다.

좋은 명상 지도자가
되는 것

매일 명상을 한 지 977일째인 오늘, 이 명상 챌린지를 시작한 초반과 지금이 어떻게 달라졌는지 되짚어보려 한다. 우선 명상을 하며 매일 일기를 남겼던 초반에는 '뇌'가 좋아한다는 것을 명확히 알 수 있었다. 나에게 쉼을 허락하지 않았던 복잡하고 불안한 온갖 생각들이 떠오르는 빈도가 잦아들었고 따라서 머릿속은 가득 찬 쓰레기통을 비운 것처럼 개운해졌다. 집중력이 향상되었고 더 나은 길이 어디인지 전보다 잘 보여서 일할 때 효율이 좋아졌다. 한창 '나의 100일간의 명상 일기'를 연재할 때 초반에 올린 글들 대부분은 이런 효과에 관한 것이며 이 좋은 걸 나만 할 수 없다는 심정으로 '명상을 안 하면 큰 손해'

라고 강조하며 글을 쓰곤 했다. 그렇게 달콤하고도 즉각적인 명상의 긍정적 효과를 누리고 100일이 지난 다음에도, 비록 일기를 매일 쓰진 못했지만 명상은 계속하려고 노력했다. 이 새롭게 받아들인 습관은 내 삶에 많은 변화를 가져왔는데, 잔잔하지만 멈추지 않는 물결처럼 어느덧 나를 먼 곳으로 이끌었다. 명상의 효과를 느끼고 이를 더 많은 사람과 나누는 방법을 익히고자 동국대 명상 지도자 과정에 등록하게 되었고, 어머니와 요가명상 센터를 차리게 되었으며, 내가 수료했던 동국대 명상 지도자 과정에서 2024년 3월부터 한 반의 실습 강의를 맡게 되었다. 그렇게 나는 요가 지도자이자 명상 지도자가 되었는데, 요가와 명상은 비슷한 듯 매우 달라서 흥미로우면서도 부단한 노력과 연구가 필요함을 느낀다. 이 때문일까. 홀로 100일 명상을 할 때 초반의 생생하게 반짝이던 내적 성장 기간이 지나고, 개인적인 '명상 수행자'의 입장에서 '명상 지도자'라는 새로운 역할을 고민하는 시간이 많았던 것은.

그러고 보니 나는 회사에 다니다가 요가를 본격적으로 시작한 지 얼마 되지 않아 요가 지도자가 되었고《요가의 언어》를 출간했다. 명상 역시 이 길을 좀 더 가고 싶다고 정한 지 얼마 되지 않아 명상 지도자가 되었고 지금 이 글을 쓰고 있다. 이렇게 나열해 놓고 보니 참 운이 좋은 편이 아닌가. 언제나 조금 더 빨리 나아가지 못하고 있는 것에 조바심을 내며 만족하지 못하는 나의 성미와 달리, 객관적으로 나는 내가 택한 길로 꾸준히 걸어가고 있었다는 걸 지금에서야 깨달았다. 그것도 적당히 빠르게. 그러므로 명상의 허니문(?) 양상이 지난 후 찾아온 고뇌의 시간은 어쩌면 꼭 필요한 절차인지도 모른다. 이제 명상은 나의 평온과 깨우침만을 위한 것이 아닌, 그 열매의 씨앗을 모든 이의 마음속에 심는 일임을 실감하고 있다. 이제 곧 1,000일째 명상을 앞두고, 최근 찾아온 큰 번뇌(정확히는 번뇌를 일으키는 사건) 하나와 그 외 감정들의 동요 역시 지금 가는 이 길에 좋은 양분이 될 것이다. 명상으로 내면의 파도가 잠잠해지는 것과 비슷한 크기로, 그러니까 마치 작용·반작용의 법칙처럼 내 안에 깊은 감정과 욕망의 덩어리들이, 그 존재감이 느껴진다. 몸과 마음을 가진 존재로서, 어쩌면 바로 이 몸과 마음이 생겨난 원인이 된 감정의 뿌리들을, 아마 명상이 아니었다면 영영 감지하기 어려 웠을 것이다.

생각이 잦아들고 집중력이 좋아진 다음 찾아온 손님은 놀 랍게도 이처럼 거칠고 무거운 감정들이었다. 깊숙하게 똬리 를 틀고 앉은 이 감정들을 풀어내고 나면, 그때는 어떻게 될까. 1,000일이 지나고 또 더 필요한 시간이 지난 후 무거운 집착을 모두 내려놓고 가벼워진 몸으로 용이 되어 승천할 수 있을까. 무언가가 '되어야 한다'는 식으로 묘사를 하려니 영 글이 적어 지지 않는데, 아마도 마음속으로는 그런 방식이 아닐 거라고 이미 알고 있어서 그런지도 모른다. 여기서 명상 초반과 달라진 점 또 하나, 언어의 한계를 느낀다. 그럼에도 불구하고 이것은 지금 내가 택한 수단이므로, 명상의 언어를 표현하는 데 최선을 다해볼 생각이다.

우리는 모두 각자
고군분투하고 있다

명상 1,013일째 30분 명상 후 일기

오랜만에 미국에 사는 친구와 문자로 대화를 했다. 이런저런 이야기를 하던 중, 친구가 최근에 재밌게 본 책이나 영화가 없는지 묻길래 곧바로 최근에 빌보드 차트를 비롯해 세상을 뒤집은 애니메이션 영화 〈케이팝 데몬 헌터스〉를 추천해주고, 책은 오래전에 사놓고 잊고 있다가 이제 막 읽기 시작한 헨리 데이빗 소로우(Henry David Thoreau)의 《월든(Walden)》이 흥미롭다고 권했다. 그러자 친구는 나를 부러워하며 본인은 재미를 위해 책을 읽지 않은 지 꽤 되었다, 요즘엔 업무 관련된 책만 본다고 말했다. 그러면서 자신은 '무언가 항상 바쁘게 쫓고 있는 느낌'이라며 '너처럼 여유롭게, 평화로운 마음으로 살고 싶다'고 하는 것이 아닌가.

　　나는 여기서 실소를 터뜨릴 수밖에 없었다. 왜냐하면, 나는 객관적으로 평화와는 거리가 먼 상황이었기 때문이다. 어머니와 운영 중인 요가명상센터와 관련된 외부적인 문제로 골머리를 앓으며 어떻게 해야 하는지 고민하고 있던 차였다. 내가 결정할 수 있는 부분이 많지 않지만 어쨌든 그 결과는 내가 온전히 감당해야 하고, 일이 어떻게 흘러갈지는 미지수인 그러니까 한마디로 불안감과 무력감과 분노가 극대화될 수 있는 그런 맥락에 놓여 있었다. 나는 친구에게 우선 솔직하게, 나도 별로 그렇게 평화롭지 못한 상황임을 털어놓았다. "하지만 우리는 모두가 각자 인생에서 나름 고군분투하기 마련이며, 고개를 당당히 들고 살아가기 위해 앞에 닥쳐오는 문제들을 해결하며 나아갈 뿐"이라고 했다(영어로 대화한 걸 번역하려니 조금 어색하게 느껴지는 건 어쩔 수가 없다). 다만 "우리는 어쨌든 여기까지 살아남았고, 어떤 일이든 대처할 수 있는 힘이 우리에게 내재되어 있다"고. 사실 그건 지금 이 순간에 나 자신에게 해주고 싶은 말이기도 했다. 또한, 어떻게 쉬어야 할지 모르겠다는 친구의 말에, 업무와 전혀 상관이 없는 내용의 책을 재미 삼아 읽어보라고 권했다. "놀랍게도 때로는 그런 책들로부터 의외로 가장 많은 걸 배울 수 있고, 그게 삶에 그리고 심지어 일에도 도움이 될 수 있다"는 말과 함께. 그 외에 피아노를 치거나(예전에 피아노를 전공한 친구였다) 취미 활동을 하며 머리를 쉬게 하고, 스트레스 받을 때 "그냥 숨을 쉬어 보라"고, "심호흡을 몇 번 하는 것만으로도 분명 스트레스 완화 효과가 있다"고 명상을 영업(?)하는 것으로 마무리했다. 친구는 "역시 너는 현명하다"며 그렇게 해보겠다고 고마움을 표했다.

그러나 고마운 것은 나였다. 누군가에게 진심 어린 조언을 해주는 일에는 참 특별한 힘이 있다는 걸 알게 되었으므로. 내 문제가 해결된 것은 아무것도 없는데도 불구하고 친구에게 건넨 말이 희한하게 나에게도 위로가 되는 걸 느꼈다. 생각해 보면 정작 내가 어떤 곤경에 처했을 때, 괴로워할 때 나 자신에게 이렇게 각 잡고(?) '너는 해낼 수 있다'는 식으로 응원해준 적은 없었던 것 같다. 어쩌면 우리는 다른 누군가를 위로해주고 용기를 북돋아 줌으로써 나도 일어나서 나아갈 힘을 얻는 건지도 모른다. 처한 상황이나 당면한 문제는 달라도 우리는 결국 모두 같은 사람이니까.

1,000일의 명상과
마음의 진화

매일 명상을 한 지 오늘로 1,000일이 되었다. 맨 처음 '나의 100일간의 명상 일기'를 연재하며 '100일 지나면 무엇이 되어 있을까' 궁금했는데 어느새 그 100일이 열 번 지난 1,000일이라니! 이제는 '무엇이 될까'를 기다리기보다는 일상에서 이따금씩 명상의 영향을 실감하며 계속 나아갈 뿐이다. 여전히 화가 날 땐 화가 나고, 때로는 참을성 없이 발을 동동 구르기도 하고, 타인이나 환경, 사물을 평가하며 평범하게(?) 살아가고 있다. 그러나 달라진 것이 있다면 그런 일련의 과정에서 내가 지금 어떤 상태인지를 더욱 잘 알아차리게 되었다는 점이다. 즉, 화가 나려고 한다는 사실을, 내가 누군가 또는 무언가를 재단하고 있다는 사실을 곧바로 인지하는 순간이 늘었다. 이건 생각보다 주요한 변화를 가져다주는 요소인데, 모든 것을 내 위주로 판단하고 좋고 나쁨을 나누고 집착하거나 배척하는 경향을 알게 되면 거기서 더 나아가지 않고 그로 인한 고뇌와 번뇌의 시간을 줄이는 데 기여하기 때문이다. 전에는 이렇게 분별(평가, 재단)하는 마음 작용이 거의 무의식적이고 자동적으로, 일상적으로 일어났다면, 지금은 그러한 마음(기분, 감정)의 변화와 움직임이 더 긴밀하게, 실시간으로 느껴진다. 이러한 알아차림이 마음이 일시적으로 나타난 감정, 기분 쪽으로 풀 액셀을 밟아 질주하는 경주마처럼 눈 양옆이 가려지는 것을 막아주는 역할을 하고 있다. 또한, 긍정적인 일이든 부정적인 일이든 경험으로부터 배울 수 있도록, 얻어가는 게 있도록 한층 효율적인(?) 방향으로 마음이 작동하기 시작했다. 이전에는 A라는 일로부터 분노와 쓰린 마음, 상처만 남아서 경험이 '마이너스'가 되었다면 이제는 같은 일로부터 분노하게 되는 원인을 객관적으로 들여다보며 나에게 있어서 중요한 가치가 무엇인지 알게 되고, 최소한 반면교사로 교훈을 얻는 등 '플러스'가 되었다. 마치 명상을 통해 획득할 수 있는 마음의 진화처럼.

아마도 과학적으로는 호흡 명상으로 전전두엽이 활성화되어 뇌의 다른 충동적인 부분들(이를테면 편도체)을 아우르고 진정시키는 효과가 있기 때문일 것이다. 나를 보호한다는 명목으로

'외부' 모든 것을 향해 날이 서 있던 마음이 조금 부드러워지는 데에는 아마 명상으로 부교감신경이 반응하며 자율신경계의 균형이 조절된 것이 작용했을 것이다. 나를 지키고 소중히 여기는 마음처럼 다른 모든 이들에게도 그 같은 마음이 있으며, 때로는 그 마음으로 인해 서로 상처를 주고 공격하기도 한다는 것을 이해하게 되었다.

이 모든 변화는 마음으로 와서 나의 모든 세상을, 정확히는 내가 '받아들이는' 세상을 송두리째 바꾸고 있다. 그러니까 1,000일 전과 달라진 게 별로 없는 것 같아도 사실은 모든 게 달라진 것이다. 이렇게 한 사람의 세상을 바꿀 수 있는 명상을 만난 것에 감사한 마음으로 오늘도 명상을 한다. 함께 살아가는 세상 모두에게 따스한 마음을 보내며.

명상 집중 수행,
숏폼 대신 우주의 별을 눈에 담다

다음은 사마타 수행 사찰 거창 '붓다 선원'에서 며칠간 집중 명상 수행을 하며 기록한 일기 중 일부입니다. 명상 수행을 떠나면 대략 어떤 하루를 보내게 될지 참고해보실 수 있을 거예요. 우선 도착하자마자 폰을 비롯한 전자기기를 끄고 사무실에 맡기는 것으로 일정이 시작됩니다. 공책에 펜으로 적은 걸 옮긴 것입니다.

명상 집중 수행 3일째

목탁 소리를 듣고 새벽 네 시에 기상했다. 더워서 잠을 설쳤는데, 긍정적인 측면을 보자면 오히려 그 덕분에 '5분만 더' 누워 있으려는 생각 없이 얼른 자리에서 일어날 수 있었다. 새벽 예불과 108 참회(108가지 번뇌를 참회하며 절을 하는 일종의 절 명상) 시간에 어김없이 비염으로 인한 재채기가 나왔다. 그러나 절 명상의 흐름을 끊고 싶지 않아서, 어제와 달리 중간에 나가지 않고 천천히 호흡하며 무사히 절을 마쳤다.

　새벽 다섯 시에 하루의 첫 좌선이 시작되었다. 아직 사방이 어두운 가운데 새벽의 풀벌레 소리만이 들려올 때 명상을 시작해서, 중반 즈음엔 매미가 울기 시작했고, 이윽고 멀리서 닭 울음소리가 들려왔다. 그러니까 나는 지금 매미나 닭보다 먼저 일어나 명상을 하는 셈이었다. 평소 새벽 두 시나 되어야 자러 가던 내가 여기서는 거의 거꾸로 된 일정을 소화하고 있었다. 그래도 생각만큼 고되지 않은 것은 이전에 집중 수행을 몇 번 해봤기 때문일 것이다. 또 이제까지와 다른 점이 있다면 요즘 명상 책을 쓰고 있다는 것, 그리고 명상 강사로 활동하고 있다는 것이었다. 어쩌면 명상 지도자로서 체면을 지키고자 하는 무의식적인 노력이 있었는지도 모른다. 이번 좌선 시간은 대체로 고요하고 평화로웠으나, 며칠간 장시간 앉아 있었던 탓인지, 아니면 비가 올 듯 흐린 날의 저기압 때문인지 오른 무릎이 조금 불편했다. 마지막에는 살짝 졸음도 찾아왔는데, 졸지 않고 졸린 느낌을 그대로 지켜보았다. 어제 새벽만큼 깊이 집중하지 못해 아쉬웠다. 끝을 알리는 종이 울리고, 선방에서 나와 구름이 수놓인 하늘에 분홍빛 일출이 번지는 것을 보며 기지개를 켰다. 어제의 맑은 하늘과 또 다른 모습이었다. 매일의 명상이 다르듯이, 내가 가진 시간은 오직 이 순간이라는 걸 보여주듯이.

　아침 식사 후 부슬부슬 비가 내려서 우산을 쓰고 산책을 했다. 길가 풀숲에 작은 개구리가 있었는데, 순간 첫날 숙소에서 봤던 엄지손가락만 한 초록색 개구리가 생각났다. 그 초록

개구리는 신랑이 구출해서 풀숲에 놓아주었다. 그러고 보니 남편은 예전에도 비 많이 오는 날 산책로 한가운데에 있던 큰 지렁이, 방충망 안에 붙어 있던 벌 등 작은 생물들을 구해주곤 했다. 명상은 익숙지 않아도 선행은 자연스러운 사람, 어쩌면 이 세상에 정말 필요한 사람인지도 모른다는 생각이 들었다. 누군가의 장점을 보는 건 얼마나 멋진 일인지! 치열한 현대 사회에서 살아가다 보면 가끔 놓치게 되는 이 덕목을 꾸준한 명상의 힘으로 되찾은 느낌이었다.

아홉 시부터 시작된 두 번째 좌선 시간에는 중간에 졸음이 와서 두세 번 자세를 고쳐 앉았다. 그리고 들숨과 날숨 끝에 숫자를 하나부터 여덟까지 붙이는 '수식관(마음속으로 수를 헤아리면서 하는 명상법)'을 하며 잠을 깨려고 했다. 다행히 어제 오후 시간만큼 졸리지는 않았다. 가끔 매미 소리가 밖에서 크게 울리면 왠지 반가웠다. '매미도 저렇게 열심히 사는데!' 하며 다시 내 코끝의 숨을 관찰했다.

좌선을 마치고 문의할 게 있어 잠깐 사무실에 들렀다가 선원장 스님(선원의 대표 스님, 주지 스님과 비슷)을 마주쳤다. 차를 권하셔서 신랑과 함께 앉아 차담을 나누었다. 사실 나는 스님과 인연이 있었는데, 바로 그분이 나의 첫 집중 수행에서 명상을 지도해주신 스승님이셨다. 그러니까 내가 아직 학생일 때 처음 뵈었는데 이제는 남편과 함께 뵈려니 기분이 묘했다. 서로 근황을 나누다가 스님께서 최근 고민은 없는지 물어보셨는데, 나는 이 책을 잘 쓰는 것 외엔 없다고 말씀드렸다. 정말로 그 순간에는 아무런 고민이 없었다. 신기한 일이었다. 사실 최근에는 늘 해결되지 않은 크고 작은 속세의 문제들이 머릿속에 안개처럼 자욱하게 깔려 있었는데 그 중 어느 것도 떠오르지 않았다. 이로써 알 수 있었다. 내가 고민이라고 여기면 그때 고민이 된다는 걸. 모든 근심, 걱정 중 아무것도 여기서 명상 수행 중인 나에게 영향을 미치지 못했다. 문제가 해결된 건 아니지만 묵직하게 가슴을 누르던 고민이 일부 해결된 듯한 느낌이 들었다.

점심시간이 되어 마지막 보이차를 마시고 일어날 때 스님께서 말씀하셨다. 일정상 둘이 같이 수행하러 오기 힘들면 한 명씩 내려와도 된다고. 밖으로 나와 걸으면서 신랑이 차마 스님께 말할 수 없었던 속마음을 나에게 얘기했다. "명상이 좋아서 온 게 아니고 끌려왔는데요." 마치 처음 집중 수행에 왔던 학생 때의 나처럼. 나도 시작은 엄마 손에 붙들려 마지못해 왔지만, 막상 명상을 해보니 참 좋아서 결국 내가 더 오래 수행처에 머물렀던 기억이 났다.

이날 오전 아홉 시 좌선에 관한 남편의 소감은 이랬다. "내가 지금 명상을 하는 건지, 앉아서 자기 연습을 하는 건지…" 앉아서 자기 연습이라니, 웃음이 터져 나왔다. 한편 귀한 여름 휴가에 함께 수행하러 와준 신랑에게 미안하면서도 고마운 마음이 들었다. 그도 명상의 기쁨을 함께 누릴 수 있기를 바라는 마음이 일어났다.

방에 돌아와 수행 일기를 쓰고 요가를 하며 몸을 풀었다. 오후 두 시부터 한 시간 넘게 네 번째 좌선 시간이 시작되었다. 아까 선원장 스님과 차담을 하며 미처 하지 못한 이야기들을 떠올렸다. 이렇게 무언가를 생각하는 중에는 졸리지 않아 다행이었다. 어제 이 시간은 그야말로 졸음과의 사투였기에. 마치기 3분 전쯤 별안간 어디선가 매미 한 마리가 '스스스스' 소리를 내며 시동을 걸더니 약간 갈라지는 듯한 쇳소리로 들어본 중에 가장 힘차게 울었다. 늦여름 매미 한 마리의 온몸을 바치는 듯한 울음은 왠지 장엄했고 아름다웠다. 응원처럼 느껴져서 마지막 땅샤(종) 알림음이 울릴 때까지 집중을 놓지 않을 수 있었다.

오후 네 시경에는 하루 일정 중에 가장 긴 명상 시간이 있었는데, 생각보다 집중이 잘 되었다. 손을 얹어둔 무릎 안쪽이 묵직하게 느껴지고 어깨가 좀 아프긴 했지만, 졸음이 오거나 다른 생각이 떠오르진 않았다. 그렇게 다섯 번째 좌선을 안정적으로 마쳤다. 선방을 나오면서 가볍게 산책을 했다. (오후 불식이지만) 출출해서 오늘도 단백질 바를 하나 꺼내먹었다.

저녁 예불 후에 6차 좌선이 시작되었다. 아까 오후에 들었던 힘찬 응원과 같은 매미 소리의 여파였을까? 아니면 이제 3일째에 접어들며 나의 몸과 마음이 긴 좌선 시간에 적응하기 시작한 것일까? 무난하게 호흡에 집중이 잘 되었다. 지난 이틀 동안의 시행착오 덕분에, 마치 부싯돌을 여러 번 부딪혀야 불이 붙는 것처럼 비로소 이 시간에 한결 안정적인 명상이 가능하다는 걸 느꼈다.

샤워를 마치고 여덟 시 45분에 시작되는 7차 좌선을 하러 방을 나섰다. 하루의 마지막 좌선 시간이었다. 살면서 지금까지 참여했던 모든 집중 수행 중에 가장 성실하게 참여 중임을 자각하고 뿌듯한 마음이 들었다. 어깨 통증, 무릎 안쪽에 손의 무게로 인한 통증과 (손이 이렇게 무거운지 몰랐다) 오른쪽 갈비뼈 뒤쪽 등 부분 통증으로 인해 중간중간 집중이 어려웠다. 어딘가 자세가 잘못된 건지 아니면 원래 이렇게 하루에 약 일곱 시간 정도 좌선을 하면 불편해지기 마련인 건지 잘 모르겠다. 그래도 다행인 점은 몸의 감각(통증)에 집중한 덕분에 다른 망상이 떠오르거나 졸리지는 않았다. 나와서 기지개를 켜며 거꾸로 하늘을 보니 별이 어제보다도 더 많았다. 나의 눈과 마음이 숏폼(릴스나 쇼츠 등 SNS 짧은 영상) 대신에 우주의 별들로 채워지고 있었다.

매일 이렇게 일기를 쓰는 데 시간을 할애하다 보니 잘 시간이 부족했다. 하지만 어차피 여기서 개운하게 잠들지는 못하고 있으므로 괜찮다. 접혀 있던 다리를 쭉 펴는 요가 동작을 몇 가지 하고 잠을 청했다.

명상 집중 수행 4일째

맑은 목탁 소리에 새벽 네 시 5분 눈을 떴다. 역시 잠을 설쳤다. 며칠 동안 너무 오래 앉아 있었기 때문에 혈액 순환을 위해 누운 채 다리를 들어 올리고 스트레칭을 했다. 네 시 반에 새벽 예불과 108 참회가 이어졌다. 어김없이 콧물이 나오려 했으나 이번에는 침착하게 숨을 쉬며 막아보았다. 어릴 적에 엄마가 절하는 방법을 알려주신 걸 떠올리며, 호흡의 리듬에 맞춰서 절을 했다. 몸을 숙여 내려가면서 숨을 들이마시고, 이마를 방석에 대면서 숨을 내쉬었다. 그리고 고개를 들고 손을 짚어 상체를 일으켜 세우며 숨을 마시고, 무릎을 펴고 완전히 일어나면서 내쉬었다. 그렇게 몇 번 크게 숨을 쉬면서 반복했더니 어느새 비염 증세가 괜찮아졌다. 점점 요령을 터득하고 있었다. 마지막 날인 게 조금 아쉬웠다.

새벽 다섯 시에 1차 좌선이 시작되었다. 좀 더 넓은 앞쪽에 빈자리가 나서 방석을 앞으로 옮겼는데 아뿔싸, 근처에 앉은 사람의 존재감이 확 끼쳐왔다. 아마도 땀을 많이 흘린 것 같았다. 하지만 돌아가기에는 이미 늦었다. 누군가 기존 내 자리로 옮겨 앉았기 때문이었다. 별수 없이 새로운 자리에 앉아 눈을 감자마자, 어제저녁에 먹었던 견과류가 듬뿍 든 단백질 바의 영향인지 배에서 갑자기 온갖 소리가 나기 시작했다. 마치 아쿠아리움에 들어온 것처럼…. 또는 관현악단 연주 연습처럼 아주 얇고 가느다란 소리부터 낮고 묵직하게 울리는 소리까지, 뱃속에서 다양한 소리가 고요한 선방에서 눈치도 없이 울렸다. 앞사람이 소리에 반응하여 들썩이는 소리가 났다. 나도 그로 인해 후각의 존재감을 느끼고 있었기 때문에 피차일반이었다. 그렇게 몸을 가진 존재로서 필연적으로 지닌 감각들과 그 감각을 자극하는 여러 외부 요소들에 관해 고찰했다. 지금 내 코에 닿은 냄새와 배에서 울리는 소리 자체에는 아무런 의도가 없었다. 그러므로 이 (다소 불편할 수 있었던) 시간은 외부의 자극에 의미를 더하지 않고 그대로 바라보는 좋은 연습이 되었다. 어쩌면 이런 사소하지만 의식이 깨어 있는 순간들이 모여서 명상하는 사람에게 현명한 시각을, 즉 현상을 왜곡하지 않고 있는 그대로 보는 눈을 갖도록 돕는 게 아닐까 싶었다.

한편 오늘이 마지막 새벽 명상임을 떠올렸다. '그 어느 것도 나를 방해할 수 없다.' 그런 마음으로 코끝에 집중했다. 후반쯤 되었을까, 아마 마치기까지 10분 정도 남았을 무렵 (눈을 감고 있어 정확하지는 않지만) 별안간 들숨·날숨에 집중하던 중에 눈앞이 밝아졌다. 눈앞이 밝아지는 건 호흡 명상에서 집중이 깊어지면 나타나는 현상이다. 우주선이 출발하는 듯한 느낌이었다. 겹겹이 닫힌 차원이, 빗살무늬토기에 있는 무늬보다 100배는 촘촘해 보이는 공간의 주름들이 서서히 눈앞에서 다가오며 이동하는 것처럼 보였다. 푸르스름하기도 하고 백색 같기도 한 밝은

색, 아니 밝은 공간이 눈앞에 펼쳐졌다. '이렇게 한순간? 갑자기?' 하며 의식이 숨에서 빛으로 저절로 옮겨갔다. 앞사람의 재채기 소리가 들렸다. 그래도 눈앞의 밝음은 영향받지 않았다. 어깨의 통증이 희미하게 느껴질 때 밝음이 애매하게 옅어지고 퍼지더니 곧 마치는 시간을 알리는 띵샤가 울렸다. 그건 선정(삼매)의 빛＊이었을까? 그 정도는 아직 아니었을까?

새벽 명상을 마치고 아침 공양을 했다. 오이랑 노란색 조가 들어있는 맛있는 죽과 김칫국, 삶은 달걀과 통감자, 요거트와 사과 절임 등을 행복하게 먹었다. 식사 후에는 이불과 요를 볕 좋은 곳에 널고, 개인 욕실과 방 청소를 하는 등 퇴소 준비를 했다.

아홉 시부터 한 시간 동안 2차 좌선을 했다. 중간중간 이번 수행에 관해 남기고 싶은 소감을 떠올렸다. 그러다가 아차, 이것이 이번 수행에서 마지막 명상임을 자각하고 다시 숨에 집중했다. 어깨와 오른쪽 엉치뼈 뒤에 판판한 부분(허리뼈 부위 인대와 천장 관절 부근), 그리고 오른쪽 갈비뼈 뒤쪽 등이 뻐근한 느낌을 관찰했다. 누적된 통증에도 불구하고 코끝의 숨을 더 알아차리려고 해보았다. 마칠 무렵에 눈앞이 조금 밝아지더니 점차 더 밝아졌고 마치 은하수 같은, 가운데가 조금 볼록하고 좌우로 길

＊ 니밋따(nimitta): 습득상, 유사상 혹은 익힘표상. 사마타 수행에서 집중이 깊어지면 감은 눈앞에 밝고 명확하게 떠오른 원반 모양의 빛(《팔정도(聖八支道)》, 비구 보디 저)이 보이게 되며 이때는 호흡이 아주 미세해진 상태로 호흡 대신 빛에 자연스레 집중하게 된다.

게 이어진 띠 같은 빛이 보였다. "조금만 더…!" 보려고 하는 순간 '띵~' 하며 지금까지 중에 가장 크게 띵샤 소리가 들렸다. 띵샤가 한 번 더 울릴 때까지 눈을 감은 채 여운을 느끼다가 천천히 눈을 뜨고 합장하며 속으로 인사했다. "나마스떼. 감사합니다."

행복을 주는
자애 명상

①자애 명상(metta, loving kindness meditation)

자애심과 자비심

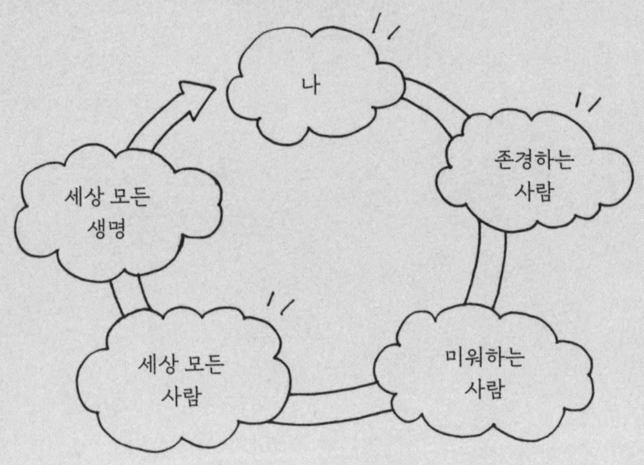

명상은 그 종류가 다양하듯이 각각의 효과도 다릅니다. 집중 명상(사마타)이 심박수 안정과 평온을, 통찰 명상(위빠사나)이 명료한 사고와 인지력 향상을 가져오는 것처럼, 자애 명상은 여러 명상법 중에서 특히 '행복감'을 증진하는 명상입니다. 한글로는 가슴, 영어로는 heart, 즉 심장이 '마음'을 뜻하게 된 것은 우연이 아니고 실은 꽤 과학적이라는 걸 자애 명상을 공부하며 알게 되었습니다. 숙련된 명상가들이 자애 명상을 하는 동안에 뇌를 관찰해 보니, 모두 뇌에서 심장으로 연결된 부위가 뚜렷하게 반응하며 활성화되었다는 연구 결과*가 있습니다.

요즘처럼 폰 하나만 있으면 어디 나가지 않아도 생활이 가능해진 시대, 편리하고 빠르지만 한편으로는 사람 간에 직접적인 소통이 줄어들고 1인 가구가 보편화된 시대에 어떻게 보면 가장 필요한 명상 중 하나가 바로 자애 명상인지도 모릅니다. 급변하는 사회에 발맞춰 살아가다 보면 인류애가 사그라드는 순간들이 종종 있습니다. 그렇게 되면 무엇보다도 나의 시각이 부정적으로 변하게 되고 내 삶이 피폐해지게 됩니다. 이때 실질적으로 도움이 되는 방법이 자애 명상이라고 생각해요. 봄날에 햇살이 언 땅을 녹이듯이 언 마음을 녹이는 건 따뜻한 마음, 즉 사랑이니까요.

다음은 자애 명상 수업에서 나온 참여자들의 소감입니다.

"인간관계로 고통받고 일을 할 수 없을 정도로 무기력증이 심했는데 명상을 하면서 점차 증세가 회복되었습니다. 특히 자애 명상이 도움이 되었어요."

"이렇게 소리 내어 누군가의 행복과 평온을 기원한 일이 별로 없었는데 특별한 경험이었어요. 최근 몸이 아픈 친구가 떠올라서 왠지 눈물이 났습니다."

"심장 부위에 손을 얹고 자애 문구를 외며 점점 손이 따뜻해지는 걸 느꼈습니다. 한없이 겸손해지고 모든 사람에게 감사한 마음이 드는 시간이었어요."

✤《명상하는 뇌(Altered Traits)》, 대니얼 골먼 · 리처드 데이비드슨 저, 김영사, 2022

자애 명상의 대상

1) 나 자신

2) 존경하는 사람

3) 미워하는 사람 (생략 가능)

4) 세상 모든 사람

5) 세상 모든 생명

제가 그림으로 표현한 것처럼 자애 명상의 첫 번째 대상은 바로 '나'입니다. 나를 사랑할 줄 알아야 다른 사람을 사랑할 수 있다는 말이 있죠. 내가 힘들면 시야가 좁아져서 마음에 바늘 하나도 들어가기 어렵지만 내가 행복하면 마음에 우주를 넉넉히 담고도 남게 됩니다. 우선은 세상살이에 고생 중인 나 자신을 온 마음으로 꼭 안아줍니다. 생각해 보면 살면서 이렇게 나 자신에게 온전히 사랑과 응원을 보낸 일이 별로 없다는 것을 역으로 알게 됩니다. 대체로 욕심과 실망, 자책, 불만족으로 점철되어 있던 나 자신과의 관계를 돌아보게 됩니다. 그 모든 족쇄와 기준, 잣대를 내려놓고 그냥 '나'를 있는 그대로 받아들입니다. 나는 사랑받을 가치가 있는 소중한 존재입니다. 그리고 내가 그렇듯이 다른 사람도, 모든 생명도 귀하다는 걸 알고 존중할 수 있게 됩니다. 물론 세상에는 존중이라는 단어에 어울리지 않는, 다른 이에게 해를 끼치는 악의를 가진 존재도 있습니다. '뿌리는 대로 거둔다(You reap what you sow)'는 말이 있죠. 자업자득 혹은 '업보를 받는다(Karma is coming)'는 말과 비슷합니다. 그러므로 그들의 어리석음을 안타깝게 여기는 연민을 일으켜봅니다. 자애심과 통찰력 혹은 사랑과 지혜가 있다면 이러한 연민은 자연스럽게 일어납니다.

그래도 역시 '미워하는 사람'을 대상으로 자애 명상을 하는 일은 쉽지 않습니다. 해결하기 어려운 트라우마가 있는 경우 (저도 그런 경우인데) 억지로 용서하려 할 필요는 없습니다. 너무 힘들다면 이 대상은 생략해도 좋습니다. 무엇보다도 자애 명상의 첫 번째 대상은 나 자신이므로 내 마음을 들여다보고 다독여줍니다. 언젠가 자애심이 내 안에 가득 넘쳐서 어두운 진흙탕에서 눈부시게 피어난 연꽃처럼, 모든 것을 감싸안을 힘이 생길 때까지 기다려줍니다.

자애 명상 해보기

1) 평좌로 앉아 눈을 감고 오른손을 내 심장 부근에 가볍게 얹어봅니다. 들숨·날숨 하면서 나의 심장 박동을 느껴봅니다.

2) 자애 명상의 첫 번째 대상은 바로 나 자신입니다. 세상에 태어난 순간부터 마지막까지 모든 순간을 함께하는 유일한 존재, 나에게 감사한 마음을 느껴봅니다.

3) 눈을 감고 자애의 문구를 소리내봅니다. "내가 모든 (정

신적·육체적) 고통에서 벗어나 행복하고 평온하기를."

(괄호 안은 생략해도 무방하며, 상황에 따라 문구를 속으로 외우며 해도 좋습니다. 하지만 경험상 입 밖으로 소리를 내는 것이 더욱 집중이 잘 됩니다.)

4) 나의 뛰는 심장으로부터, 나 자신을 향한 따스한 자애의 마음이 퍼지는 것을 느껴봅니다.

5) 두 번째 대상은 내가 존경하는 사람입니다. 존경하는 부모님, 스승님 또는 고마운 사람을 몇 분 떠올려봅니다. 그분들께 감사한 마음을 느껴봅니다(아래 '자애 명상 제외 대상' 참조).

6) 자애의 문구를 소리 내 해봅니다. "내가 존경하는 분이 모든 (정신적·육체적) 고통에서 벗어나 행복하고 평온하기를."

7) 나의 뛰는 심장으로부터, 내가 존경하는 분들을 향한 따뜻한 자애의 마음이 퍼지는 것을 느껴봅니다. 이와 같이 미워하는 사람(생략 가능), 세상 모든 사람, 세상 모든 생명을 대상으로 각각 자애 명상을 해봅니다.

자애 명상 제외 대상

1) 사랑하는 연인: 자애심 이외에 다른 욕망이나 감정을 불러일으킬 수 있습니다. 배우자나 인생의 동반자를 떠올

리고 싶다면 동료나 친구를 위하는 마음으로 자애 명상을 해도 무방합니다.

2) 이 세상에 없는 사람: 대상이 '정신적·육체적' 고통에서 벗어나 행복하기를 도모하는 취지에 맞지 않습니다. 육신의 인연이 다해 돌아가신 분들의 경우, 집착을 놓고 홀가분하게 떠나는 데 방해가 될 수 있습니다.

그리고
명상은
계속됩니다

에필로그

눈부신 첫눈이
꿈처럼 사라지듯이

명상 중 자화상

이 책을 쓰는 동안⋯. 정말 많은 일이 있었습니다.

얼마 전에 외할머니께서 돌아가셨습니다. 3일간 상을 치르

며 오랜만에 많이 아팠습니다. 경황이 없어 미처 휴강할 생각을

하지 못하고 계속 수업과 빈소를 오갔더니 확실히 몸에 무리가 되었나 봅니다. 심하게 체하고 앓아누워서 발인하는 날엔 참석하지 못할 뻔했습니다. 할머니가 돌아가신 날, 아침부터 울어서 부은 눈으로 출강 수업 후 장례식장에 들렀다가 저녁 수업을 하기 위해 센터로 가는 길에 버스 창밖으로 하늘하늘 첫눈이 내렸습니다. 마치 작별 인사처럼.

덕분에 그날 소복하게 쌓인 설경을 보며 고요한 가운데 명상 수업을 할 수 있었습니다. 돌아보니 그건 너무 슬퍼하지 말고 예쁜 눈을 보라는 할머니의 선물이 아니었나 싶습니다. 그렇게 온 세상을 하얗게 뒤덮었던 첫눈이 상을 다 치른 후 한겨울밤의 꿈처럼 녹아 없어진 것은, 세상살이도 이와 같으니 사는 동안 행복하게 아름답게 살아가라는 할머니의 가르침이었던 것 같습니다.

이외에도 책을 집필하는 동안 여러 가지 크고 작은 일들이 있어서 정신적으로도 육체적으로도 다소 힘든 시간을 보냈습니다. 자영업자로서 큰 시련이 있었고, 몇 개월간 법률 상담을 수차례 받기도 하고, 얼굴에 원인불명의 (아마도 스트레스로 인한) 피부 염증이 생겨서 병원에서 수술해야 한다는 얘기도 들었습니다. 다행히 검사 결과 수술까진 필요 없었지만.

하필이면 '명상' 책을 쓰고 있었던 게 오히려 그 시간을 잘 건너는 데 도움이 되었던 것 같아요. 진흙탕에 바퀴가 빠진 것 같은 상황에서도 스러지거나 포기하지 않고 나아갈 수 있도록, 이 책을 쓰는 일이 일종의 지렛대가 되어준 것 같습니다. 또한, 나의 고통을 일부 글로 풀어냄으로써 그 시련들이 의도치 않은, 그러니까 '나쁘지만 좋은' 소재를 제공해주었습니다.

그리고 그 모든 일도, 그 어떤 시련도 할머니가 떠나시던 날, 첫눈이 눈부시게 내렸다가 사라진 것처럼 영원하지 않다는 걸 이제는 압니다. 삶과 죽음은 둘이 아니고 자연스럽게 이어지는 과정이라는 것도. 나뭇가지 위에 머물렀다가 햇살 속으로 스며든 눈꽃을 보며, 훌훌 털고 가볍게 가신 할머니를 생각합니다. 눈은 이제 흔적이 없지만 마음 풍경에 남았고 할머니의 지혜로운 말씀과 따스한 미소가 추억에 남았습니다. 헤어질 때 언제나 이마를 맞대고 '사랑합니다.', '감사합니다.' 하시던 우리 할머니…

사랑합니다. 감사합니다.

2025년 12월 김경리

감사의 글

초등학교 때 처음 명상이란 걸 접하게 해 주신 부모님, 특히 함께 요가와 명상 지도자의 길을 걷고 있는 엄마 윤성희 님(사띠윤 선생님), 기꺼이 함께 집중 명상 수행에 참여한 남편 석병화 님, 나의 첫 집중 명상 수행을 지도해주신 스승님 거창 붓다 선원의 진경 스님, 늘 유익한 지식을 알려주시고 따스한 마음으로 지도해주시는 동국대 명상 지도자 과정의 혜명 김말환 교수님, 이 책이 세상에 나올 수 있도록 해주신 멀리깊이 대표 박지혜 편집자 님,《요가의 언어》선세영 편집자 님, 고마운 나의 이모(윤성숙 님), 사랑하는 나의 두 할머니, 금빛 재연 샘과 은교 샘, 이원 언니, 다원이, 미국에 있는 서영이, 포, 이미경 님, 강순아 님, 최희경 님, 이둘숙 님, 이혜인 님, 김민정 님, 윤정민 님, 최윤나 님, 박수현 님, 김성희 님, 류명순 님, 정효경 님, 나소희 님, 이진희 님, 노동청 김선영 반장님, 춤명상가 이모정 님, 영경 이모, 영순(정인) 이모, 사일런트플로우 강승경 사장님, 커피브론즈 정선

미 사장님, 아빠, 아버님, 형님네, 제주도 사라 원장님, 전주 가람 원장님, 암사동 가든 원장님, 신용산 수련 원장님, 소중한 금빛요가명상센터 회원분들, 동국대 명상 지도자 과정 우리 반 분들, 신세계 아카데미 우리 반 분들, 고용노동청 요가반 분들, 엄마께서 지도하시는 조계사 명상 요가반 분들을 비롯한 많은 명상 수업 참가자 분들, 그 밖에 도움을 주신 모든 분들께 감사한 마음으로, 오늘도 명상합니다.

참고 문헌

| 참고 서적 |

1   각묵스님 역,《네 가지 마음챙기는 공부: 대념처경과 그 주석서》, 초기불
전연구원, 2025

2   김경리,《요가의 언어》, 위즈덤하우스, 2019

3   비구 보디,《팔정도》, 고요한소리, 2009

4   스와미 싸띠아난다 사라스와띠,《아사나 쁘라나야마 무드라 반다》, 한국
요가출판사, 2007

5   존 티즈데일, 마크 윌리엄스, 진델 시걸,《 8주 마음챙김(MBCT) 워크북》,
불광출판사, 2024

6   프란시스 스토리,《사성제》, 고요한소리, 2009

7   혜명 김말환.《도표로 읽는 명상 입문》, 민족사, 2023

8   B.K.S 아헹가,《요가 디피카》, 선요가, 2016

9   Daniel Goleman, Richard J. Davidson,《Altered Traits》, 2019

10   Marc Milstein,《The Age-Proof Brain》, BenBella Books, 2022

| 참고 사이트 |

1   경행(2025), 표준국어대사전, https://ko.dict.naver.com/#/entry/koko/5e9
247b8fe494db58de6773f8376e8a2

2   Medical Author: Karthik Kumar, MBBS, Medical Reviewer: Pallavi Suyog
Uttekar, MD(2025), Why Do Navy SEALs Use Box Breathing?, https://
www.medicinenet.com/why_do_navy_seals_use_box_breathing/article.htm

코끝, 호흡

ⓒ김경리, 2026

초판 1쇄 인쇄 2026년 4월 20일
초판 1쇄 발행 2026년 4월 30일

지은이 김경리
펴낸이 박지혜

기획·편집 박지혜
디자인 강경신
제작 제이오

펴낸곳 ㈜멀리깊이
출판등록 2020년 6월 1일 제406-2020-000057호
주소 주소 경기도 파주시 회동길 37-20, 202호
전자우편 murly@murlybooks.co.kr
편집 070-4234-3241 **팩스** 031-935-0601
인스타그램 @murly_books

ISBN 979-11-91439-78-6 03180

• 이 책의 판권은 지은이와 (주)멀리깊이에 있습니다.
• 이 책 내용의 전부 또는 일부를 재사용하려면 반드시 양측의 서면 동의를 받아야 합니다.
• 인쇄·제작 및 유통상의 파본 도서는 구입하신 서점에서 바꿔드립니다.